Collection « Lire en italien »
dirigée par Henri Yvinec
Premières lectures

Le Lettere anonime
ed altre storie

Choix et annotations par Éliane Bayle

GW00708229

LE LIVRE DE POCHE

Sommaire

Abbreviazioni e segni

cong. : congiuntivo
f. : femminile
fam. : familiare
inf. : infinito
inv. : invariabile
lett. : letterario
m. : maschile
part. pas. : participio passato
pl. : plurale
pop. : popolare
sg. : singolare
□ : da notare
< viene da
> ha dato
* libro al quale appartiene la novella

Les *Premières Lectures en italien* proposent un choix de textes littéraires modernes et contemporains que l'on peut aborder dès que l'on possède bien les premiers éléments de la langue. Il s'agit d'œuvres authentiques, *non simplifiées, non abrégées*. Cette nouvelle collection constitue une toute première étape vers la lecture autonome, grâce à des notes en italien facilement repérables, sans dictionnaire ni traduction.

À ce premier niveau comme au suivant (Collection *Lire en...*), une aide est apportée au lecteur, fondée sur la même démarche. On trouvera :

En page de gauche
des textes contemporains, le plus souvent des nouvelles courtes, voire très courtes, dont les thèmes ont été choisis de manière à intéresser les jeunes aussi bien que les adultes, textes retenus pour leurs qualités littéraires et leur intérêt linguistique.

En page de droite
des notes juxtalinéaires rédigées dans la langue du texte, qui permettent au lecteur de

Comprendre
Tous les mots et expressions difficiles contenus dans la ligne de gauche sont reproduits en caractères gras et expliqués dans le contexte.

Observer
Des notes d'observation de la langue soulignent le caractère idiomatique de certaines tournures ou constructions.

Apprendre

Dans un but d'enrichissement lexical, certaines notes proposent enfin des synonymes, des antonymes, des expressions faisant appel aux mots qui figurent dans le texte.

Grammaire basée sur la fréquence des erreurs

Le lecteur trouvera à la fin de chaque texte un rappel des structures les plus difficilement assimilées par les francophones. Des chiffres de référence renverront au contexte et aux explications données dans les *Grammaires actives* (de l'anglais, de l'allemand, de l'espagnol...) publiées au *Livre de Poche*.

Vocabulaire en contexte

En fin de volume, une liste de 1 500 mots environ contenus dans les textes, suivis de leur traduction, comporte, entre autres, les verbes irréguliers et les mots qui n'ont pas été annotés faute de place ou parce que leur sens était évident dans le contexte. Grâce à ce lexique on pourra, en dernier recours, procéder à quelques vérifications ou faire un bilan des mots retenus au cours des lectures.

Puisse cette nouvelle collection aider le lecteur à découvrir le plus rapidement possible des œuvres originales dans les littératures étrangères.

Henri Yvinec.

Giorgio Scerbanenco

Il bambino che non dormiva

Giorgio Scerbanenco nacque a Kiev, in Russia, nel 1911, da madre italiana e padre ucraino. Trascorse gran parte della sua vita in Italia. Fece parecchi mestieri finché trovò la sua strada come redattore di settimanali femminili scrivendo romanzi «rosa». Soltanto più tardi arrivò al genere poliziesco, e fu un trionfo: il protagonista creato da Scerbanenco, il medico investigatore Duca Lamberti si è imposto come l'eroe del romanzo d'azione all'italiana. Di Duca Lamberti sono state pubblicate diverse avventure: *Venere privata, Traditori di tutti, I ragazzi del massacro, I milanesi ammazzano al sabato*. Scerbanenco ha lasciato una vasta produzione narrativa: settanta romanzi, per lo più di storie-brivido, e oltre mille racconti fra i quali quelli di *Centodelitti**. Nelle novelle brevi l'autore sa condensare situazioni di estrema tensione che colpiscono per il loro valore di realtà banale e crudele. Numerosi film sono stati desunti dai romanzi. Scerbanenco morí a Milano il 27 ottobre 1969.

« Non capisco », disse il dottore, « non capisco perché non dorma ». Il bambino era sano, normale, molto intelligente. « La sera mangia abbastanza o poco? », chiese alla madre.

Il bambino uscí e andò in cucina, la giovane madre stava diritta, impassibile, un poco pietrosa.

« Mangia molto, la sera », disse.

« Non capisco », disse il dottore, « non capisco ».

La madre si scosse un poco. Ascoltò dalla cucina il
10 piccolo che giocava con dei cucchiai.

« Io lo so, perché non dorme », disse.

« Ma allora doveva dirmelo », disse il dottore, « è un mese che andiamo avanti a curare a tastoni. Doveva dirmelo », ripetè. « Perché non dorme?... »

« Perché qui non passano camion », disse la giovane madre. Non l'aveva detto prima perché era spiacevole dirlo. « Nella casa dove eravamo fino a un mese fa, per la strada, la sera cominciavano a passare i camion, ne passavano tanti, tutta la notte. Lui, la sera, non si
20 addormentava finché non ne passava qualcuno. Quando sentiva il rumore di un camion che passava, gli veniva sonno, e durante la notte, finché anche nel sonno udiva i camion che passavano, dormiva tranquillo, se invece per qualche ora non ne passava nessuno, allora finiva per svegliarsi. »

« Strano », disse il dottore, « è un poco strano. Perché non dorme senza camion? ».

capisco: comprendo □ **disse**: <dire ☑ **perché non dorma**: interrogativa indiretta □ **sano**: in buona salute, ≠ malato □ **molto intelligente**: intelligentissimo □ **abbastanza**: in modo sufficiente □ **poco**: ≠ molto □ **chiese**: domandò, < chiedere **uscí**: andò fuori ≠ entrò □ **cucina**: ci si fa da mangiare □ **giovane** ≠ vecchia, anziana □ **stava diritta**: si teneva non curva □ **pietrosa**: di pietra, immobile □ **sera**: ≠ mattino

scosse: agitò, < scuotere □ **ascoltò**: fu attenta ai rumori □ **da**: segna l'origine □ **piccolo**: bambino □ **giocava**: si divertiva □ **cucchiai**: servono per mangiare la minestra, la zuppa □ **so**: < sapere ☑ **dirmelo**: dire + mi + lo □ **è un mese che... a tastoni**: da un mese tentiamo di guarirlo senza sapere dove andiamo; ci sono dodici mesi in un anno
qui: qua, si usa per la vicinanza; ≠ là
detto: < dire □ **prima**: ≠ dopo ☑ **era spiacevole_dirlo**: senza « di »; era difficile... ☑ **eravamo... un mese fa**: abitavamo ancora il mese precedente □ **per**: per il luogo di passaggio □ **strada**: via □ **tanti**: molti
si addormentava: riusciva a dormire □ **finché non ne passava qualcuno**: fino a quando uno passava □ **gli veniva sonno**: aveva voglia di dormire □ **finché udiva**: per tutto il tempo che sentiva **invece**: al contrario □ **per**: indica la durata
qualche ora: alcune ore □ **nessuno**: nemmeno uno □ **finiva per svegliarsi**: alla fine smetteva di dormire
strano: bizzarro

« Perché suo padre è un camionista. Lui lo aspetta sempre, gli ho detto che sta facendo un lungo viaggio. Se sente i camion sta tranquillo, può essere suo padre che torna. »

« E quando torna il padre? », domandò il medico.

« Non torna. Ne ha sposata un'altra », disse la giovane madre.

☑ <u>suo padre</u> ☐ **camionista**: guida un camion ☐ **aspetta**: attende
sempre: di continuo ☑ <u>sta facendo</u>: forma progressiva ☐
viaggio: spostamento da un luogo a un altro ☐ **sta**: resta, è ☐
può < potere
il padre: suo padre
ne ha sposata un'altra: è divenuto il marito di un'altra donna

Grammaire au fil des nouvelles

Voici, dans l'ordre de leur apparition dans le texte, quelques phrases à compléter (ou non) et à adapter (ou non) selon les indications données (le premier chiffre renvoie aux pages, les suivants aux lignes de la nouvelle).

Non capisco perché non ...... *(dormire).* (interrogative indirecte, 10 - 1, 2)

"Non capisco" ...... *(dire)* il dottore e ...... *(chiedere)* alla madre una spiegazione. (*passato remoto*, 10 - 1, 4)

Il bambino ...... *(uscire)* e ...... *(andare)* in cucina. (*passato remoto*, 10 - 5)

La madre ...... *(scuotersi)* e ...... *(ascoltare)* ...... la cucina. (*passato remoto*, préposition pour l'origine, 10 - 9)

Doveva dire ...... *(+ mi + lo).* (enclise des pronoms personnels, 10 - 12)

Era spiacevole ...... dirlo. (10 - 16, 17)

La casa dove eravamo fino a un mese ...... ("il y a" temporel, 10 - 17)

Dei camion ne passavano ...... *(tanto)* e se per qualche ...... *(ora)* non passava nessuno, finiva per svegliarsi. (indéfinis, 10 - 19, 24)

Gli ho detto che il papà ...... *(fare,* forme progressive*)* un lungo viaggio. (12 - 2)

Può essere ...... (possessif, 3e personne du singulier) **padre che torna.** (12 - 4)

Remplacer le nom entre parenthèses par le pronom personnel faible correspondant :

Lui ...... aspetta *(il padre)* e ...... ho detto *(al bambino)* che fa un viaggio. (12 - 1, 2)

Giorgio Scerbanenco

La confessione

« Sai, caro », disse lui al suo ragazzo, che era un ragazzo anche se aveva ventisei anni, dal suo letto dove ormai giaceva da settimane, « se mi succede qualcosa, la povera Carla rimane sola, con due bambini, e non ho potuto né sposarla, né dare il nome a quei due innocenti... ».

« Papà... », disse il ragazzo, interrompendolo, a capo basso per non guardare il viso del padre corroso dalla malattia.

10   « Se avessi potuto almeno dargli il nome, a quelle due creature », continuò lui. « Carla non me ne parla mai, ma lo so quanto ci soffre, dopo tanti anni che siamo insieme, non ha avuto che tristezze da me. »

« Papà... », lo interruppe ancora il ragazzo.

« È stata sempre nascosta come una colpevole, poverina, perché non potevo sposarla », continuava lui, forse senza ascoltarlo, o senza udire.

« Papà... », disse il ragazzo, interrompendolo di nuovo, nervoso, « puoi sposarla, se vuoi, la mamma è
20 morta ».

Lui tacque di colpo, non capiva, poi capí.

« Oh, poverino », disse, « e tu sei venuto qui, a trovarmi, tutti questi giorni, anche se avevi la mamma malata, e poi è morta, e il funerale, e non mi hai detto niente perché ero malato anch'io ».

« No, papà », disse il ragazzo, le mani sulle ginocchia, rigido, « mamma è morta quattro anni fa, ma io non volevo che tu sposassi Carla, mamma ha sofferto tanto

sai: < sapere □ **caro**: amato □ **disse**: < dire □ **al suo ragazzo**: a suo figlio □ **anche se aveva**: benché avesse □ **letto**: ci si dorme □ **giaceva**: era sdraiato □ **settimane**: periodi di sette giorni □ **se mi succede qualcosa**: se muoio □ **povera**: è compassionevole □ **rimane**: resta □ **sposarla**: divenire suo marito □ **il (mio) nome**: □ **quei due** □ **innocenti**: bambini irresponsabili □ **a capo basso**: con la testa inclinata

viso: faccia, volto □ **corroso**: consumato, < corrodere ⊠ **da**: introduce il complemento d'agente (cf 16-2: origine locale e 16-3: temporale) ⊠ **se avessi potuto...**: (sarei stato contento) □ **dargli**: dare loro □ **creature**: bambini, piccoli esseri □ **mai**: ≠ sempre □ **so**: < sapere □ **quanto ci soffre**: che ne soffre molto □ **siamo insieme**: viviamo uno con l'altra □ **tristezze**: ≠ gioie □ **da me**: a causa di me □ **interruppe**: < interrompere

sempre: di continuo □ **nascosta**: dissimulata, < nascondere □ **colpevole**: ≠ innocente □ **poverina**: è compassionevole

forse: probabilmente □ **ascoltarlo**: fare lo sforzo di sentirlo, di udirlo; si ascolta, si sente con le orecchie

puoi < potere □ **sposarla**: farne tua moglie □ **vuoi**: < volere

tacque ≠ parlò □ **di colpo**: all'improvviso □ **capiva**: comprendeva □ **venuto** < venire □ **qui**: si usa per la vicinanza, ≠ là □ **a trovarmi**: preposizione a dopo un verbo di movimento, davanti all'infinito □ **detto**: < dire

niente: nulla

le mani < la mano □ **le ginocchia**: < il ginocchio, articolazione della gamba ⊠ **quattro anni fa**: sono passati ormai 4 anni ⊠ **non volevo che tu sposassi** □ **sofferto**: < soffrire

per lei, e non ti ho detto che mamma era morta. Tu mi domandavi ogni tanto come stava, non la vedevi mai, e io ti dicevo che stava bene, cosí tu non sapevi di essere vedovo e non potevi sposare Carla, ma adesso la puoi sposare ».

Non gli chiese perdono: la sua voce lo chièdeva, da sola.

ogni tanto: di tempo in tempo □ **stava**: stare si usa per la
salute ☒ **non sapevi di essere**
vedovo: a cui è morta la moglie □ **adesso**: ora □ **la puoi
sposare**
chiese: domandò, < chiedere □ **voce**: tono □ **da sola**

Grammaire au fil des nouvelles

Voici, dans l'ordre de leur apparition dans le texte, quelques phrases à compléter et à adapter selon les indications données (le premier chiffre renvoie aux pages, les suivants aux lignes de la nouvelle).

Parlò ...... **il suo letto, dove giaceva** ...... **settimane.** (préposition pour l'origine, 16 - 2, 3)

Non ho potuto dare il nome a ...... *(quello)* **due innocenti.** (16 - 5)

Il viso del padre era corroso ...... **la malattia.** (préposition pour le complément d'agent, 16 - 8)

Se io ...... *(avere)* **potuto dare il nome a quelle due creature, sarei contento.** (hypothétique, 16 - 10)

Dopo ...... *(tanto)* **anni che siamo insieme, non ha avuto che tristezze da me.** (16 - 12)

Il ragazzo lo ...... *(interrompere, passato remoto,* 16 - 14)

La povera Carla ...... *(nascondere,* passé composé passif) **come una colpevole.** (16 - 15)

Tu ...... *(potere)* **sposarla se** ...... *(volere).* (présent de l'indicatif, 16 - 19)

Lui ...... *(tacere)* **poi** ...... *(capire).* (*passato remoto,* 16 - 21)

Mamma è morta quattro anni ...... ("il y a" temporel, 16 - 27)

Io non volevo che tu ...... *(sposare)* **Carla.** (concordance des temps, 16 - 28)

Tu non sapevi ...... (traduction de "que tu étais") **vedovo.** (18 - 3)

Giorgio Scerbanenco

Il rastrellamento

La banda entrò nella pineta, erano cinque giovani, ciascuno aveva una grossa torcia elettrica in mano, spenta, indossavano camiciole a rigoni da materasso, un paio erano a torso nudo. Il mare era cosí vicino che si sentiva lo sciacquio molle delle molli onde; la luna era soltanto metà, ma era cosí luminosa che sembrava una grossa lampada in cielo.

« Viva la virtù », disse un biondino, uno dei due biondini della banda, « il rastrellamento incomincia ».

10 Il gioco del rastrellamento era il più divertente per i cinque ragazzi. La sterminata pineta lungo la riva del mare era asilo di coppie di innamorati di ogni genere. In punta di piedi, in silenzio, disposti a ventaglio come la formazione di un commando di marines, i cinque giovani abbastanza bene del paese rastrellavano la pineta e appena scoprivano qualche coppia in amorosa solitudine irrompevano contro i due innamorati, li accecavano accendendo contemporaneamente le loro torce elettriche e li irridevano gridando: « Viva la virtù! Abbasso il 20 peccato! », e li costringevano a uscire fuori dalla pineta inseguendoli con lunghe urla.

Quella sera il rastrellamento sembrava promettere bene. Prima trovarono la padrona di una pensione vicino al lungomare, che tutti conoscevano, non più giovanissima e sposata, che s'intratteneva con un alto, grosso tedesco, poi una giovane coppia di fidanzati austriaci, poi una signora milanese con un ragazzo del luogo, il Federichino Fellinino, come l'avevano soprannominato perché era piccolo e aveva la cinepresa, che 30 accecato dalle cinque grosse torce disse in dialetto:

« Ma piantatela, cretini. »

E lo lasciarono in pace, perché era uno dei loro.

banda: brigata, compagnia □ **pineta**: selva di pini □ **giovani**: ragazzi □ **ciascuno**: ognuno □ **torcia**: lampada □ **in mano** **spenta** ≠ accesa < spegnere □ **indossavano ... rigoni**: portavano camicie da estate con larghe righe □ **un paio**: due □ **a torso nudo** □ **sciacquio**: rumore dell'acqua □ **onde**: oscillazioni del mare □ **metà**: non intera ma mezzaluna

disse < dire □ **biondino**: dai capelli biondi; il diminutivo mostra che è insignificante □ **rastrellamento**: fatto di raccogliere persone sospette; parola militare come "banda" □ **gioco**: divertimento □ **sterminata**: infinita ⊠ **lungo la riva** **coppie**: due persone insieme □ **ogni genere**: tutte le specie ⊠ **in punta di** □ **disposti a ventaglio**: secondo una formazione a triangolo □ **marines**: soldati americani **abbastanza bene**: di famiglia conveniente **scoprivano**: trovavano ⊠ **qualche coppia**: qualche + singolare **irrompevano contro**: si precipitavano su □ **li accecavano**: li rendevano incapaci di vedere □ **accendendo**: facendo luce con **li irridevano**: ridevano di loro □ **abbasso!** ≠ viva! **peccato** ≠ virtù □ **costringevano**: obbligavano □ **uscire fuori** ≠ entrare dentro □ **inseguendoli**: seguendoli ⊠ **urla (le)**: grida forti di una persona; ma gli urli di una bestia < l'urlo **prima** ≠ poi □ **padrona**: proprietaria □ **vicino a**: accanto a **lungomare**: litorale □ **non più giovanissima**: di una certa età **sposata**: che ha un marito □ **alto (di statura)** ≠ basso **tedesco**: della Germania □ **fidanzati**: promessi e non ancora sposi □ **austriaci**: dell'Austria □ **milanese**: di Milano **Federichino Fellinino**: diminutivo scherzoso < Federico Fellini, famoso regista romagnolo □ **cinepresa**: permette di girare dei film □ **dialetto**: romagnolo, la scena si svolge in Romagna **piantatela** (fam.): smettetela, lasciateci in pace **pace** ≠ guerra

Il rastrellamento proseguí nel folto della pineta, punteggiato dalle grida delle ragazze che sotto le implacabili torce accese si ricoprivano frettolosamente e le urla «Viva la virtù, abbasso il peccato!» del commando di rastrellatori.

Quasi in fondo alla pineta, nel punto piú lontano dal mare, la banda sentí il sussurrio di una coppia e irruppe, accendendo le torce e urlando.

«Fuori, vergognatevi, non avete pudore!», e grosse
10 risate romagnole.

«Ma è la Teodolinda...», disse uno dei ragazzi della banda, e le risate si spensero subito.

Teodolinda era il soprannome di una ragazza del paese, una delle più belle, fidanzata a uno dei cinque rastrellatori con la torcia accesa in mano, che si chiamava Guidarello, era lí e la guardava. Guidarello alla luce spietata delle torce guardava la sua ragazza, la sua Teodolinda che si ricopriva affannosamente, vicino a un tipo biondo, non molto giovane, che doveva essere
20 un bavarese.

«Ciao», disse Guidarello a Teodolinda, «mi avevi detto che stavi a casa perché tua madre stava male».

«Spacchiamo la faccia a quel crauto», disse rabbioso uno dei rastrellatori, «e dopo Guidarello le suona a lei fino a che diventa nera».

Guidarello li fermò.

«Spegnete la luce», disse spegnendo la sua torcia, la voce greve di furore e di dolore, «la pineta è di tutti», e un secondo dopo urlò: «Ho detto di spegnere la
30 luce!»

Allora anche le altre quattro torce si spensero, i cinque giovani si allontanarono. Il rastrellamento era finito.

proseguí: continuò □ **folto**: interno, cuore

punteggiato: ritmato □ **le grida**: di una persona; i gridi di una bestia < il grido □ **accese**: che facevano luce < accendere □ si **ricoprivano frettolosamente**: si mettevano rapidamente qualcosa sul corpo □ **commando**: pattuglia d'assalto per le azioni di sorpresa; è una guerra contro il vizio! □ <u>in fondo a</u> ☑ **nel punto piú lontano**: senza articolo □ **sussurrio**: rumore lieve □ **irruppe**: fece irruzione < irrompere

fuori: via □ **vergognatevi**: rendetevi conto della vostra indecenza □ **risate**: risa, fatto di ridere

la Teodolinda: uso familiare e settentrionale dell'articolo davanti al nome che è qua un soprannome, uno pseudonimo □ **si spensero** ≠ smisero, finirono

rastrellatori: fanno il rastrellamento □ <u>in</u> **mano** □ **che si chiamava**: che aveva per nome □ **lí**: là

spietata: senza pietà, senza indulgenza □ **ragazza**: fidanzata

si ricopriva: rimetteva i vestiti □ **affannosamente**: febrilmente

bavarese: della Baviera, in Germania

ciao: salve; saluto familiare

detto < dire □ **stavi**: restavi ☑ <u>tua</u> **madre** □ **stava male**: era malata □ **spacchiamo**: rompiamo □ **crauto**: tedesco; fam. e spregiativo; < crauti: piatto tipico della cucina tedesca □ **le suona a lei** (fam.): la picchia forte, le dà colpi □ **fino a**: indica il termine estremo □ **fermò**: arrestò

spegnete ≠ accendete

greve: piena, carica □ **furore** (<u>il</u>) □ **dolore** (<u>il</u>) □ **di tutti**: **di** indica il possesso

spensero < spegnere

si allontanarono: partirono

Grammaire au fil des nouvelles

Voici, dans l'ordre de leur apparition dans le texte, quelques phrases à compléter selon les indications données (le premier chiffre renvoie aux pages de la nouvelle, les suivants aux lignes).

Compléter (ou non) les phrases suivantes par la préposition convenable, en combinant avec l'article, si besoin est :

Aveva una torcia ...... mano, indossava una camiciola ...... rigoni ...... materasso, due erano ...... torso nudo. (22 - 2, 3, 4)

La pineta lungo ...... la riva ...... il mare era asilo di coppie. (22 - 11)

Li costringevano a uscire fuori ...... la pineta inseguendoli ...... lunghe urla. (22 - 20, 21)

...... fondo alla pineta, nel punto più lontano ...... il mare, c'era una coppia. (24 - 6)

La ragazza si ricopriva vicino ...... un tipo biondo. (24 - 18)

La pineta è ...... tutti. (possession, 24 - 28)

Compléter les phrases suivantes par l'indéfini qui convient parmi : tutti, ciascuno, altre, qualche, ogni :

...... aveva una grossa torcia. (22 - 2)

La pineta era l'asilo di coppie di ...... genere. (22 - 13)

Appena scoprivano ...... coppia irrompevano. (22 - 16)

La pineta è di ...... (24 - 28)

Le ...... torce si spensero. (24 - 31)

Italo Calvino

La prima spada e l'ultima scopa

Nato nel 1923 a Cuba da genitori italiani e venuto in Italia a due anni, Italo Calvino trascorse la sua infanzia in Liguria. Partecipò alla Resistenza e finita la guerra, fece studi di lettere e pubblicò i primi due libri che si situano nel clima neorealistico: *Il sentiero dei nidi di ragno* (1947), nato dalla sua esperienza partigiana, e *Ultimo viene il corvo* (1949). Poi, con la trilogia fantastica I *nostri antenati* che comprende *Il visconte dimezzato* (1952), *Il barone rampante* (1957) e *Il cavaliere inesistente* (1959), si immerse nella storia e nella fiaba. Nel 1956, il suo interesse per il fiabesco lo spinse a raccogliere sotto il titolo di *Fiabe italiane* duecento storie popolari di tutte le regioni d'Italia. Nel 1963 pubblicò *Marcovaldo ovvero Le stagioni in città* che con umorismo, sotto un aspetto favoloso, rievoca i problemi della realtà quotidiana e della società del consumo. L'attrattiva per il fantastico lo spinse anche verso il tentativo di ritrovare le radici dell'uomo (*Le cosmicomiche,* 1965) e di passare in universi diversi (*Ti con zero,* 1967). Tutti i campi d'investigazione hanno tentato Calvino, anche quello della riflessione sulla creazione letteraria e la tecnica narrativa (*Se una notte d'inverno un viaggiatore...,* 1979) e con *Palomar* (1983) compie la sua meditazione sul destino della specie umana e il suo tentativo di presa di possessione di tutto il campo culturale dell'uomo. Morí nel 1985.

C'erano una volta due mercanti, che stavano uno dirimpetto all'altro. Uno aveva sette figli maschi e l'altro sette figlie femmine. Quello dei sette figli maschi, ogni mattino quando apriva il balcone e salutava quello delle sette figlie femmine, gli diceva: — Buongiorno, mercante dalle sette scope. — E l'altro ci restava male ogni volta; si ritirava in casa e si metteva a piangere di rabbia. La moglie a vederlo cosí ne aveva pena, e ogni volta gli domandava cosa avesse; ma il marito, zitto, e pian-
10 geva.

La piú piccola delle sette figlie aveva diciassett'anni ed era bella come il sole, e il padre non vedeva che per i suoi occhi. — Se mi volete bene come dite, padre mio, — gli disse un giorno, — confidatemi la vostra pena.

E il padre: — Figlia mia, il mercante qui dirimpetto ogni mattina mi saluta cosí: «Buongiorno, mercante dalle sette scope», e io ogni mattina resto lí e non so cosa rispondergli.

— Non è che questo, caro papà? — disse la figlia. —
20 Sentite a me. Quando lui vi dice cosí, voi rispondetegli: «Buongiorno, mercante dalle sette spade. Facciamo una scommessa: prendiamo l'ultima scopa mia e la prima spada tua, e vediamo chi fa prima a prendere lo scettro e la corona al Re di Francia e a portarli qua. Se ci riesce mia figlia tu mi darai tutta la tua mercanzia, e se ci riesce tuo figlio perderò io tutta la mercanzia mia.»

Cosí gli dovete dire. E se accetta, nero su bianco, fategli firmare subito un contratto.

c'erano...: esistevano nel tempo passato □ **mercanti che stavano**: commercianti che abitavano □ **dirimpetto**: di fronte □ **maschio** ≠ femmina □ **ogni mattino**: tutti i mattini

da: per la caratteristica □ **scope**: per pulire il pavimento □ **ci restava male**: si sentiva offeso □ **piangere**: versar lagrime □ **rabbia**: collera □ **moglie**: sposa, ≠ marito □ **a vederlo**: vedendolo ⊘ **domandava cosa avesse**: interrogativa indiretta □ **zitto**: rimaneva senza parlare
diciassette: 17
sole: astro del giorno □ **non vedeva... occhi**: era per lui la cosa piú preziosa □ **mi volete bene**: mi amate □ **padre mio**: vocativo □ **disse**: < dire □ **confidatemi**: ditemi in confidenza
qui: qua, si usa per la vicinanza ≠ lí, là

scope: perché le figlie si occupano della casa □ **so**: < sapere

caro: che è amato
sentite a me: ascoltatemi; per rispetto la figlia dà del voi al padre □ **spade**: armi bianche; perché i figli fanno la guerra □ **facciamo**: < fare □ **scommessa**: accordo che implica un pagamento per chi perde □ **ultima**: ≠ prima □ **chi fa prima**: chi riesce per primo □ **lo scettro e la corona**: sono i simboli della monarchia
riesce: lo fa < riuscire □ **darai** < dare □ **la tua mercanzia**: tutto ciò che riguarda il tuo commercio □ **nero su bianco**: per iscritto □ **firmare**: scrivere il nome per garantire il contratto

Il padre stette a sentire tutto questo discorso a bocca aperta. E quando fu finito, disse: — Ma, ma, figlia mia, ma cosa dici? Mi vuoi perdere tutta la mia roba?

— Papà, non abbiate paura, lasciate fare a me: pensate solo a fare la scommessa, che al resto ci penso io.

Alla notte, il padre non poté chiudere occhio, e non vedeva l'ora che schiarisse. S'affacciò al balcone prima del solito, e la finestra di fronte era ancora chiusa. 10 S'aperse tutt'a un tratto, apparve il padre dei sette figli maschi e gli buttò in faccia come al solito il suo: — Buongiorno, mercante dalle sette scope!

E lui, pronto: — Buongiorno, mercante dalle sette spade, facciamo una scommessa: io prendo l'ultima scopa mia e tu la prima spada tua, gli diamo un cavallo e una borsa di quattrini per uno, e vediamo chi riesce a portarci la corona e lo scettro del Re di Francia. Scommettiamo tutta la nostra mercanzia: se vince mia figlia mi piglio tutta la roba tua, se vince tuo figlio ti 20 prendi tutta la roba mia.

L'altro mercante lo guardò un po' in faccia, poi scoppiò in una risata, e gli fece segno se era matto.

— Cosí, ti metti paura? Non ti fidi? — gli fece il padre delle sette figlie. E l'altro, colto sul vivo, disse: — Per me, accetto, firmiamo subito il contratto e facciamoli partire, — e andò subito a dire tutto al suo figlio maggiore. Il figlio maggiore, pensando che avrebbe fatto il viaggio con quella bella figliola, fu tutto contento. Ma quando al momento della partenza la vide 30 arrivare vestita da uomo, in sella a una cavallina bianca, capí che non c'era tanto da scherzare. Difatti, quando i genitori, firmato il contratto, diedero il via, la cavallina

stette: restò; < stare □ **a bocca aperta**: con la bocca non chiusa per lo stupore

dici < dire □ <u>mi</u> **vuoi**: (far) perdere □ **la mia roba**: i miei beni

non abbiate paura: non temete □ **lasciate fare a me**: lasciatemi fare; insistenza col pronome forte □ **solo**: soltanto

io: pronome soggetto in rilievo, insiste

chiudere ≠ aprire ☑ **non vedeva l'ora che <u>schiarisse</u>**: aveva fretta di vedere l'alba □ **s'affacciò**: si mise □ **prima del solito**: più presto dell'ora abituale □ **chiusa**: ≠ aperta < chiudere

s'aperse ≠ si chiuse

buttò: gettò □ **in faccia**: sul viso □ **al solito**: in modo abituale

pronto: rapido, immediato

gli diamo: diamo loro; < dare □ **cavallo**: è un animale

quattrini: soldi, danari

vince ≠ perde

mi piglio: mi prendo; **mi** ha valore intensivo

in faccia: in viso

scoppiò in una risata: rise forte □ **gli fece... matto**: gli mostrò che pareva pazzo □ **ti metti**: hai □ **ti fidi**: hai fiducia □ **fece**: disse < fare □ **colto sul vivo**: toccato nel punto debole

maggiore: più anziano ☑ **pensando che <u>avrebbe fatto</u>**: futuro nel passato □ **figliola**: giovane

vide < vedere □ <u>da</u>: come un □ <u>in</u> **sella** <u>a</u>: sopra □ **capí...**

scherzare: comprese che le cose non erano da prendere leggermente □ **genitori**: padri ☑ <u>firmato</u> **il contratto**: part. pas. assoluto □ **diedero**: < dare □ **via**: segnale di partenza

partí a gran carriera e il suo robustissimo cavallo
faticava a tenerle dietro.

Per andare in Francia si doveva passare un bosco
fitto, buio e senza strade né sentieri. La cavallina ci si
buttò dentro come fosse a casa sua: girava a destra
d'una quercia, voltava a sinistra d'un pino, saltava una
siepe di agrifogli e riusciva sempre ad andare avanti. Il
figlio del mercante, invece, non sapeva dove dirigere il
suo cavallone: ora sbatteva col mento in un ramo basso
10 e cadeva giú di sella, ora gli zoccoli scivolavano in un
pantano nascosto dalle foglie secche e la bestia finiva a
pancia in terra, ora s'aggrovigliavano in un roveto e non
riuscivano piú a districarsi. La ragazza con la sua
cavallina aveva già superato il bosco e galoppava via
lontano.

Per andare in Francia si doveva valicare una monta-
gna tutta dirupi e burroni. Era giunta alle sue pendici
quando sentí il galoppo del cavallone del figlio del
mercante che stava per raggiungerla. La cavallina prese
20 di petto la salita e, come fosse a casa sua, gira e salta in
mezzo a quei pietroni e trova sempre la via per arrivare
fino al passo, e di lí corre giú per i prati. Il giovane,
invece, spingeva il suo cavallo su a strappi di redini e
dopo tre passi una frana lo riportava al punto di prima,
e finí per azzopparlo.

La ragazza correva ormai lontana via verso la
Francia. Ma per arrivare in Francia bisognava traversare
un fiume. La cavallina, come fosse a casa sua, sapeva
dove c'era un guado e si buttò in acqua correndo come
30 sulla via battuta. Quando risalirono sull'altra riva, si
voltarono indietro, videro il giovane che arrivava col suo
cavallone e lo spronava in acqua inseguendole. Ma non

a gran carriera: molto velocemente
faticava: penava ☒ **tenerle dietro**: seguirla
si doveva: si è impersonale ☐ **bosco**: piccola foresta
fitto: denso ☐ **buio**: scuro ☐ **ci si buttò**: si gettò nel bosco ☒
come (se) <u>fosse a casa sua</u> ☐ **girava**: voltava ☐ **destra**: ≠
sinistra ☐ **quercia**: albero che dà ghiande ☐ **pino**: altro albero
☐ **saltava**: passava sopra ☐ **siepe di agrifogli**: barriera di
arboscelli sempreverdi spinosi ☐ **invece**: al contrario
cavallone: cavallo grosso ☐ **sbatteva... ramo**: urtava con la base
del viso la parte di un albero ☐ **cadeva... sella**: si ritrovava per
terra ☐ **gli zoccoli... nascosto**: le unghie del cavallo non
aderivano piú sul fango invisibile del terreno ☐ **a pancia in**: col
ventre sulla ☐ **s'aggrovigliavano... districarsi**: erano presi nei
cespugli senza piú poter liberarsi ☐ **superato**: oltrepassato ☐
via: dà piú forza al verbo
valicare: passare
dirupi e burroni: precipizi ☐ **giunta**: arrivata, < giungere ☐
pendici: versanti ☐ **sentí**: udí
☒ <u>stava per raggiungerla</u>: arrivava quasi alla sua altezza ☐
prese... salita: affrontò senza esitare il monte
pietroni: grosse pietre ☐ **sempre**: ≠ mai
fino a: indica il limite estremo ☐ **passo**: passaggio ☐ **lí**: là ☐
giú: ≠ su ☐ **spingeva... su a strappi di redini**: obbligava... a
salire con colpi di briglia ☐ **frana**: caduta di pietre
azzopparlo: renderlo claudicante
ormai: adesso
bisognava traversare: era necessario attraversare
fiume: grosso corso d'acqua
guado: passaggio di un fiume dove si tocca il fondo
battuta: normale ☐ **risalirono**: uscirono dal guado
indietro ≠ davanti ☐ **videro**: < vedere
spronava: spingeva ☐ **inseguendole**: andando dietro di esse

sapeva i passi del guado, e appena non toccò piú terra la
corrente trascinò via il cavaliere e il suo destriero.

A Parigi la ragazza vestita da uomo si presentò a un
mercante che la prese per garzone. Era il mercante che
forniva Palazzo reale e per portare le mercanzie al Re
prese a mandare questo giovane di cosí bell'aspetto.
Appena il Re lo vide gli disse: — Chi siete? Mi
sembrate forestiero. Come siete giunto fin qua?

— Maestà, — rispose il garzone, — mi chiamo
10 Temperino ed ero trinciatore del Re di Napoli. Un
seguito di sventure mi ha condotto fin qui.

— E se vi trovassi un posto di trinciatore della Real
Casa di Francia, — disse il Re, — vi piacerebbe?

— Maestà, lo volesse il cielo!

— Ebbe', parlerò col vostro padrone.

Difatti, sia pur a malincuore, il mercante cedette il
garzone al Re, che lo fece diventare trinciatore. Ma piú
lo guardava piú un sospetto si faceva strada nella sua
mente. Finché un giorno si confidò con la madre.

20 — Mamma, in questo Temperino c'è qualcosa che
non persuade. Ha mano gentile, ha vita sottile, suona e
canta, legge e scrive, Temperino è la donna che mi fa
morire!

— Figlio mio, sei matto, — rispondeva la Regina
madre.

— Mamma, è donna, vi dico. Come posso fare per
saperlo di sicuro?

— Il sistema c'è, — disse la Regina madre. — Va' a
caccia con lui; se va solo dietro le quaglie è una donna
30 che ha testa solo per l'arrosto, se va dietro ai cardellini è
un uomo che ha testa solo per il gusto della caccia.

Cosí il Re diede un fucile a Temperino e lo condusse a

sapeva: conosceva □ **appena non toccò terra**: quando non sentí piú la terra □ **trascinò via**: portò lontano

Parigi: capitale della Francia

garzone: commesso, impiegato

reale: del re, del sovrano □ **le mercanzie**: le merci, i prodotti

prese a mandare: si mise a inviare □ **bell'aspetto**

vide < vedere

forestiero: che non è del paese □ **giunto**: arrivato □ **fin**: insiste sul termine □ **maestà**: titolo di rispetto dato a un re □ **rispose**: < rispondere □ **temperino**: piccolo coltello □ **trinciatore**: taglia la carne □ **seguito**: serie □ **sventure**: disgrazie □ **condotto**: < condurre ☑ **se vi trov**<u>**assi**</u>**... vi piacerebbe**: concordanza temporale

☑ **lo volesse**: congiuntivo per il desiderio

ebbe': ebbene

(benché) sia □ **pur**: però □ **a malincuore**: malvolentieri □ **cedette**: diede □ **fece**: < fare

sospetto: dubbio □ **si faceva strada**: penetrava

mente: spirito □ **finché**: fino a quando □ **si confidò con**: aprí il proprio cuore a

non persuade: mette in sospetto □ **vita**: *taille* □ **sottile**: fine □ **suona**: fa musica □ **legge e scrive**: ha imparato a riconoscere le lettere e a tracciarle □ **morire**: ≠ vivere

figlio <u>**mio**</u>: vocativo □ **matto**: pazzo, in preda alla follia □ **regina madre**: madre del re

posso: < potere

il sistema c'è: c'è una possibilità □ **a caccia**: a uccidere animali selvatici □ **dietro**: ≠ davanti a □ **quaglie**: uccelli cacciati per la carne □ **arrosto**: cucina □ **cardellini**: uccelli piccoli non cacciati per la carne □ **ha testa per**: pensa a □ **gusto**: piacere

diede: < dare □ **condusse**: < condurre

caccia con lui. Temperino montava la sua cavallina, che aveva voluto portare sempre con sé. Il Re, per trarlo in inganno si mise a sparare solo sulle quaglie. Ma la cavallina, ogni volta che appariva una quaglia, sterzava via e Temperino capí che non voleva che sparasse alle quaglie. — Maestà, — disse allora Temperino, — permettetemi l'ardire: ma vi pare una bravura sparare sulle quaglie? Ormai l'arrosto ve lo siete fatto. Sparate anche voi ai cardellini che è piú difficile.

10 Quando il Re tornò a casa, disse alla madre: — Sí, sparava ai cardellini, e non alle quaglie, ma io non sono persuaso. Ha mano gentile, ha vita sottile, suona e canta, legge e scrive, Temperino è la donna che mi fa morire!

— Figlio mio, prova ancora, — disse la Regina. — Portalo nell'orto a cogliere insalata. Se la coglie in cima in cima è donna, perché noi donne abbiamo piú pazienza; se la strappa con tutte le radici, è un uomo.

Il Re andò nell'orto con Temperino e si mise a 20 piluccare insalata in cima in cima. Il trinciatore stava per fare altrettanto quando la cavallina, che l'aveva seguito, prese a mordere e sradicare via cespi d'insalata interi, e Temperino capí che bisognava far cosí. In fretta in fretta riuscí a riempire un canestro d'insalata strappandola con le radici e la terra attaccata.

Il Re condusse il trinciatore tra le aiole dei fiori. — Guarda che belle rose, Temperino, — gli disse. Ma la cavallina gli indicava col muso un'altra aiola.

— Le rose pungono, — disse Temperino. — Pigliatevi 30 garofani e gelsomini, non rose.

Il Re era disperato, ma non s'arrendeva. Ha mano gentile, ha vita sottile, ripeteva alla madre, — canta e

☑ **sé**: riflessivo ☐ **trarlo in inganno**: indurlo in errore
mise < mettere ☐ **sparare**: far fuoco
ogni volta: tutte le volte ☐ **sterzava**: cambiava direzione
☑ **non voleva che sparasse**: concordanza temporale

ardire: temerità ☐ **bravura**: mostrarsi bravo, abile
ve lo siete fatto: avete ucciso abbastanza animali per farne un
bel pasto; **ve lo**: vi + lo; **fatto** < fare

persuaso: convinto ☐ **(la) mano**: ha cinque dita
donna ≠ uomo

prova: tenta
orto: dove si coltivano gli ortaggi, i legumi ☐ **cogliere insalata**:
prendere la verdura che si mangia condita ☐ **in cima in cima**:
togliandola proprio in cima alle radici ☐ **strappa**: stacca senza
tagliarla ☐ **radici**: parte della pianta che è nella terra ☐ **mise** <
mettere ☐ **piluccare**: prendere in piccola quantità ☑ **stava per
fare**: futuro imminente ☐ **altrettanto**: lo stesso
prese a: si mise a ☐ **sradicare via**: strappare con le radici ☐
cespi interi: piante intere ☐ **bisognava**: si doveva ☐ **così**: in
questo modo ☐ **in fretta in fretta**: molto rapidamente ☐
canestro: paniere
aiole: spazi di terreno per i fiori nei giardini

pungono: fanno male con le spine ☐ **pigliatevi**: cogliete,
prendete; **vi** è rafforzativo ☐ **garofani e gelsomini**: sono fiori
senza spine ☐ **disperato**: senza più speranza ☐ **s'arrendeva**: si
dava per vinto

suona, legge e scrive, Temperino è la donna che mi fa
morire.

— A questo punto, figlio mio, non ti resta che
portarlo con te a fare il bagno.

Cosí il Re disse a Temperino: — Vieni: andiamo a
fare un bagno in fiume.

Arrivati al fiume, Temperino disse: — Maestà,
spogliatevi prima voi, — e il Re si spogliò e scese in
acqua.

10   — Vieni anche tu! — disse a Temperino. In quella si
sentí un gran nitrito e apparve la cavallina correndo
imbizzarrita con la spuma alla bocca. — La mia
cavallina! — gridò Temperino. Aspettate, Maestà, che
devo correr dietro alla cavallina imbizzarrita! — e
scappò via.

Corse a Palazzo reale. — Maestà, — disse alla Regina,
— c'è il Re che si è spogliato in fiume e certe guardie,
non riconoscendolo, lo vogliono arrestare. M'ha mandato a prendere il suo scettro e la sua corona per farsi
20 riconoscere.

La Regina prese scettro e corona e li consegnò a
Temperino. Appena ebbe scettro e corona, Temperino
montò sulla cavallina e galoppò via cantando:

Fanciulla son venuta, fanciulla son tornata
Lo scettro e la corona ho conquistata.

Passò il fiume, passò il monte, passò il bosco, e tornò
a casa, e suo padre vinse la scommessa.

a questo punto: adesso, ormai

vieni: < venire □ **andiamo a fare**: a davanti all'infinito, dopo un verbo di movimento
☒ **arrivati al fiume**: participio passato assoluto
spogliatevi: togliete i vostri vestiti □ **scese**: andò giú

in quella: in quel momento □ **si sentí**: si udí
nitrito: grido del cavallo □ **apparve**: < apparire
imbizzarrita: diventata bizzarra, furiosa □ **spuma**: bava
aspettate: attendete
devo < dovere
scappò via: fuggí lontano
corse < correre

riconoscendolo: vedendo che è il re □ **vogliono** < volere □
mandato: inviato

prese < prendere □ **consegnò a**: mise nelle mani di, diede a
ebbe < avere

fanciulla: non sposata, vergine

a casa □ **suo padre**: senza l'articolo □ **vinse**: ≠ perse, < vincere

Grammaire au fil des nouvelles

Voici, dans l'ordre de leur apparition dans le texte, quelques phrases à compléter et à adapter (ou non) selon les indications données (le premier chiffre renvoie aux pages, les suivants aux lignes de la nouvelle).

Uno aveva sette ...... *(figlio maschio)*. (pluriel, 28 - 2)

Ogni ...... *(volta)* gli domandava cosa ...... *(avere)*. (*ogni*, interrogative indirecte, 28 - 8, 9)

Il padre ...... *(stare)* a sentire poi ...... *(dire)* qualcosa. (*passato remoto*, 30 - 1, 2)

La finestra ...... *(aprirsi)*, ... *(apparire)* il padre e gli ...... *(buttare)* in faccia il suo buongiorno. (*passato remoto*, 30 - 10, 11)

Il figlio maggiore pensava che ...... *(fare)* il viaggio. (futur dans le passé, 30 - 27)

Quando la vide vestita ...... uomo ...... sella ...... una cavalla, capì che non c'era ...... scherzare. (prépositions, 30 - 30, 31)

...... *(firmare il contratto,* participe passé absolu), loro ...... *(dare, passato remoto)* il via. (30 - 32)

La ...... cavallina si buttò dentro come se ...... *(essere)* a casa sua. (32 - 5)

La bestia finiva ...... pancia ...... terra. (prépositions, 32 - 11, 12)

Sentí il galoppo del cavallo che .... raggiungerla. (futur proche, 32 - 19)

Per arrivare in Francia ...... traversare un fiume. (traduction de "il fallait", 32 - 27)

Se io vi ...... *(trovare)* un posto, vi piacerebbe ? (concordance des temps dans l'hypothétique, 34 - 12, 13)

Lo ...... *(volere)* il cielo ! (souhait, 34 - 14)

È donna io vi ...... *(dire)*. Come io ...... *(potere)* fare a saperlo. (indicatif présent, 34 - 26)

Il re ...... *(dare)* un fucile a Temperino e lo ...... *(condurre)* a caccia con lui. (*passato remoto*, 34 - 32)

Non voleva che lui ...... *(sparare)*. (concordance des temps, 36 - 5)

Ieri il trinciatore ...... *(fare)* altrettanto quando la cavallina prese a mordere i cespi. (futur proche, 36 - 21, 22)

Piero Chiara

La 501 della Provvidenza

Piero Chiara è nato a Luino, sul lago Maggiore nel 1913.

Condannato dal fascismo nel 1943, si rifugiò in Svizzera dove insegnò nel liceo italiano di Zurigo. Nel dopoguerra visse quasi senza interruzione a Varese. A lunghi periodi di ozio ha alternato occupazioni varie: è passato dai piú umili mestieri alle piú distinte professioni. Dal 1962, anno in cui pubblicò *Il piatto piange*, si è dedicato unicamente all'attività letteraria, curando anche varie opere antiche e moderne e collaborando a riviste e giornali.

Ha pubblicato opere di narrativa e di saggistica fra le quali citiamo: *La spartizione* (1964), *Con la faccia per terra* (1965), *Il balordo* (1967), *I giovedí della signora Giulia* (1970), *La stanza del vescovo* (1976), *Le corna del diavolo* (1977), *Il cappotto di astrakan* (1978), *Vita di Gabriele D'Annunzio, Una spina nel cuore* (1979), *Vedrò Singapore?* (1981)...

Sotto l'aspetto di un divertimento in apparenza divagante c'è sempre, nell'opera di Piero Chiara, il «misterioso viaggio» che è quello della vita dei diversi personaggi e che corrisponde, alla fine, al viaggio di tutti poiché, per lui, la vita è un romanzo perpetuo. I suoi romanzi e le sue novelle sono anche l'occasione di darsi ad un'abile satira sociale.

Dai suoi libri sono stati desunti vari film.

Piero Chiara è morto nel 1986.

L'automobile di don Fardella era una Fiat 501 che il prete aveva avuto in regalo da un benefattore.

Al benefattore era capitato, con quell'auto, un incidente. Si era infilato, dopo un urto contro un carretto, dentro un fosso, senza conseguenze per lui e per le persone che aveva a bordo, ma con gravi danni all'automezzo.

Il meccanico, quando gli consegnò la 501 riparata, gli disse in un orecchio: «Nei suoi panni, Commendatore,
10 questa macchina la venderei. Intanto è vecchia, poi dopo un colpo simile non si sa mai. Domani si potrebbero bloccare i freni in velocità, potrebbe cedere una balestra o rompersi lo sterzo.»

Il benefattore, che aveva famiglia, decise allora di regalare la macchina a don Fardella, che aveva aperto, in quegli anni tra il 1928 e il 1930, un istituto per i figli dei barbieri morti in guerra e aveva bisogno d'un mezzo per andare e venire dalla villa nella quale aveva sistemato gli orfani.
20 Don Fardella viaggiava sempre con a fianco uno dei suoi orfani, per farsi dare una mano a caricare ceste di pane o di verdura. Certe volte portava, oltre all'orfano, una delle tre o quattro monache che governavano la biancheria e facevano funzionare la cucina del suo istituto.

"Con la Provvidenza che lo aiuta così evidentemente" aveva pensato il benefattore "a don Fardella non capiterà mai nulla di male, anche se la macchina può

automobile: macchina, come la Fiat 501 □ **don**: titolo d'onore che se mette davanti al nome di un prete □ **regalo**: dono □ **da** : segna l'origine □ **capitato** : successo, avvenuto □ <u>**quell'**</u> **auto** □ **incidente** (stradale): infortunio □ **urto**: collisione

carretto: piccolo carro □ **fosso**: solco sul lato della strada

danni: pregiudizi, guasti

automezzo: macchina, automobile, auto

consegnò: rimise

orecchio: permette di udire ∅ **nei <u>suoi</u> panni**: se fossi in lei; forma di cortesia □ **Commendatore** (della Repubblica): titolo onorifico □ **intanto**: prima, anzitutto, ≠ poi □ **colpo**: urto □ **non si sa mai**: non si sa cosa possa succedere □ **balestra**: sospensione □ **sterzo**: direzione

decise < decidere

regalare: offrire □ **aperto**: creato, < aprire

quegli anni □ <u>il 1928</u> : articolo davanti all'anno

barbieri: fanno la barba □ **aveva bisogno**: gli era necessario □ **mezzo**: di trasporto □ **villa**: casa con un giardino attorno

sistemato: collocato in un alloggio □ **orfani**: sono senza padre né madre □ **viaggiava**: andava sulla strada □ **a fianco**: accanto a sé □ **dare una mano**: aiutare □ **caricare ceste**: mettere panieri dentro la macchina □ **verdura**: legumi □ **certe volte**: di tanto in tanto □ **oltre a**: in più di □ **monache**: religiose □ **governavano**: si occupavano □ **biancheria**: *linge* □ **cucina**: dove si fa da mangiare

Provvidenza: Dio □ **lo aiuta**: è con lui

capiterà: avverrà, succederà □ **nulla**: niente

avere qualche difetto".

Dell'incidente che gli era capitato e delle previsioni del meccanico, non disse nulla al prete, per non togliergli sicurezza e anche per non guastargli il piacere di stare al volante d'un macchinone così potente e sicuro.

Dopo quasi un anno che la Fiat 501 faceva il suo servizio, un giorno, sul rettilineo della Cabianca perse una ruota. Don Fardella fece in tempo a vedersela filare davanti sulla strada, prima che la macchina desse di 10 cozzo contro l'angolo della cascina per poi capottare in un prato.

Il prete uscí da sotto la 501 irriconoscibile, perché gli si era rovesciato addosso un secchio di marmellata che aveva caricato poco prima, ma senza nulla di grave. La monaca ruppe una gamba e l'orfano restò miracolosamente illeso.

Quando il benefattore andò in visita all'Istituto, don Fardella gli raccontò l'accaduto: « Un bagno di marmellata e tre o quattro ammaccature scomparse dopo otto 20 giorni. Una gamba rotta a suor Giacomina e l'orfano illeso. »

« È stata la Provvidenza » esclamò il benefattore. « L'automobile è un mezzo pericoloso, ma quando si ha dalla propria parte la Provvidenza, non si deve temere di nulla. »

qualche difetto: alcune imperfezioni

disse < dire □ **togliergli sicurezza**: mettergli paura
guastargli: rovinargli □ **stare**: essere
macchinone: grossa macchina □ **potente**: che ha potenza, forza

rettilineo: via diritta □ **Cabianca**: casa bianca; nome di luogo
perse < perdere □ **fece... davanti**: ebbe il tempo di vedere la
ruota passare davanti alla macchina □ **prima che desse** (< dare)
di cozzo: andasse a sbattere □ **cascina**: fattoria □ **capottare**:
capovolgersi in avanti □ **prato**: terreno coperto d'erba
uscí ≠ entrò □ **da**: indica l'origine □ **sotto** ≠ su □
irriconoscibile: completamente trasformato □ **gli si era...**
marmellata: era caduto sopra di lui un recipiente di frutta cotta
con zucchero □ **ruppe una gamba**: ebbe un membre inferiore
rotto, <rompere □ **illeso**: intatto
benefattore: che fa del bene
l'accaduto: ciò che era successo □ **bagno di**: immersione nella
ammaccature: lesioni superficiali □ **scomparse** ≠ apparse, <
scomparire □ **suora**: monaca, religiosa; apocope davanti al
nome
esclamò: non riflessivo
pericoloso: che può recare danni, fare del male
dalla propria parte: con sé □ **deve** < dovere □ **temere**: aver
paura

Grammaire au fil des nouvelles

Voici, dans l'ordre de leur apparition dans le texte, quelques phrases à compléter (ou non) selon les indications données (le premier chiffre renvoie aux pages de la nouvelle, les suivants aux lignes).

Con ...... *(quello)* auto gli era ...... (traduction de "arrivé") **un incidente.** (42 - 3)

Nei ...... **panni, Commendatore, la venderei.** (possessif de la forme de politesse, 42 - 9)

In ...... *(quello)* **anni, tra** ...... **1928 e** ...... **1930** (datation), **aveva aperto un istituto.** (42 - 16)

Aveva bisogno di una macchina per venire ...... **la villa.** (préposition pour l'origine, 42 - 18)

Portava in macchina una delle ...... **(3) o** ...... **(4)** ...... *(monaca).* (numéraux, pluriel des noms, 42 - 23)

Domani, a don Fardella non ...... **nulla.** (traduction de "il arrivera", 42 - 28)

Il benefattore ...... **disse** ...... **al prete.** (emploi de *nulla*, 44 - 3)

La Fiat ...... *(perdere, passato remoto)* **una ruota e il prete** ...... *(fare, passato remoto)* **in tempo a vederla filare prima che la macchina** ...... *(dare,* concordance des temps) **di cozzo contro il muro.** (44 - 6, 8, 9)

Il prete ...... *(uscire)* **da sotto irriconoscibile, la monaca** ...... *(rompere)* **una gamba e l'orfano** ...... *(restare)* **illeso.** (*passato remoto,* 44 - 12, 15)

Ada Negri

Il cane senza padrone

Nata a Lodi, in Lombardia, nel febbraio 1870, Ada Negri, si spense a Milano l'11 gennaio 1945. Di umile origine, a diciott'anni, divenne maestra nella scuola elementare di Motta Visconti e pubblicò ventiduenne il primo libro di poesie. Dopo il successo di questo primo volume si stabilí a Milano e si sposò. Più tardi si rivelò anche come scrittrice di prosa e nei suoi romanzi e nelle sue novelle ritroviamo tutto il fascino sentimentale della sua lirica. La sua opera è vasta e rispecchia le tappe della sua vita. All'inizio, l'eco delle difficoltà degli anni d'infanzia e d'adolescenza si ritrova in *Fatalità* (1892) e *Tempeste* (1894). Divenuta madre, in *Maternità* (1904) cantò questa nuova esperienza. Si mostrò sorella di tutte le donne nelle novelle di *Le solitarie* (1917) e *Sorelle. Ritratti di donne* (1929). Più tardi rievocò la propria giovinezza nel romanzo *Stella mattutina* (1921) prima di darsi alla contemplazione della natura nei versi di *Vespertina* (1931) e *Il dono* (1936). Citiamo ancora, fra le sue opere, i versi di *Dal profondo* (1910), *Esilio* (1914), *Il libro di Mara* (1919) e le prose di * *Le strade* (1926), *Di giorno in giorno* (1933)...

Per questa strada rivieresca ombreggiata da platani, che da un lato ha il brividire del lago e dall'altro il frondeggiare dei colli incontro, ogni giorno, un cane.

È tutto nero, di corto pelo, magrissimo, sudicio. Bastardo: ma non saprei di quale incrocio. Quasi senza coda: piccole orecchie basse: muso appuntito. È solo e randagio.

Se lo chiamo, subito mi si avvicina, agitando quel suo misero mozzicone di coda. Mi guarda con sporgenti
10 occhi d'un color perso, dolci, ma vuoti. Avidamente divora i biscotti che gli tendo (la mia borsa, qui, ne è sempre fornita: pei bambini, e, sí, anche pei cani); e, per un buon tratto di strada, mi segue. Col muto scodinzolare, col volger del muso, con gli occhi smarriti, risponde a tutti i nomi che il mio capriccio gli dà: Ras, Fox, Bell, Brill, Azor. — Fido, no: non ho il coraggio di chiamarlo Fido.

Dopo avermi tenuto compagnia per un po', trotterellando sui miei passi, annusando il terreno, fermandosi se
20 io mi fermo, proprio come se fosse mio, all'improvviso infila un viottolo, e scompare.

Cosí fa coi contadini e i carrettieri, che lo conoscon tutti; ma lo trattano di solito con rabbuffi e frustate. Cosí, con le inglesi e le tedesche; di età incerta e di schietta, ben lavorata bruttezza, scese qui a stormi, rondini del nord senza grazia e senza lucentezza d'ali, all'aprirsi della primavera.

Le segue fino agli spiazzi esterni delle trattorie, dove

rivieresca: in riva al lago □ **ombreggiata da**: che riceve l'ombra dei □ **da un lato ha**: è costeggiata da ☒ **il brivid<u>ire</u> del lago**: una distesa d'acqua che vibra ☒ **il frondeggi<u>are</u> dei colli**: colline coperte di alberi □ **pelo**: ricopre la pelle dell'animale □ **sudicio**: sporco □ **incrocio**: mescolanza di razze

coda: appendice posteriore dell'animale □ **orecchie**: organi dell'udito □ **muso**: parte anteriore della testa □ **appuntito**: a punta □ **randagio**: che va errando, senza padrone ☒ **mi <u>si</u> avvicina**: viene accanto a me □ **misero**: povero □ **mozzicone**: porzione □ **sporgenti**: che vengono avanti □ **occhi**: permettono di vedere □ **perso**: rosso bruno, quasi nero □ **vuoti**: senza espressione □ **borsa**: sacchetto □ **fornita**: piena □ **pei**: per i (antiquato) □ **tratto**: porzione □ **muto scodinzolare**: agitazione silenziosa della coda □ **volger(e)**: voltare, girare □ **smarriti**: perduti

Fido: altro nome di cane, significa fedele e non conviene a un cane senza padrone

per un po' (di tempo) □ **trotterellando**: diminutivo di trottare

annusando: respirando □ **fermandosi**: sostando

proprio: esattamente ☒ **come se <u>fosse</u>** (conj.) **mio** (attributo)

infila un viottolo: entra in un sentiero □ **scompare** ≠ appare

i contadini... conoscon: la gente di campagna e i conduttori di carri che l'hanno già visto □ **di solito**: abitualmente □ **rabbuffi e frustate**: rimproveri e colpi □ **inglesi, tedesche**: d'Inghilterra, di Germania □ **età**: numero degli anni □ **schietta ... bruttezza**: prive della minima bellezza □ **scese ... rondini**: venute in Italia in gruppi come uccelli migratori □ **lucentezza**: aspetto brillante □ **(le) ali**: permettono di volare; < l'ala □ **l'apr<u>irsi</u>** ≠ la fine

son preparati i tavolini da tè: s'accuccia presso l'una o l'altra, per riceverne un crostino o un avanzo di *plum-cake*.

I camerieri lo fanno fuggire, con minaccie a bassa voce o furtive pedate. Si rifugia qualche volta nelle retrocucine, dove è lo zimbello dei cuochi e degli sguatteri, che gli gettano ossi, detriti di carne, lazzi e insolenze: poi lo scacciano. Deve possedere una furberia senza limiti, per aver sinora evitato il laccio dell'accalap-
10 piacani; ma forse è un cane magato; e ha il potere di rendersi invisibile davanti al pericolo.

Dove dorma, nessuno lo sa. Nessuno, in paese, mi ha saputo dire se nel passato ebbe un padrone. Mi si racconta che qualcuna di quelle inglesi giramondo, probabilmente inscritta a una società protettrice degli animali, abbia voluto accattivarselo, mettergli museruola e guinzaglio, farne il proprio cane fedele.

Non le fu possibile riuscire.

Dai cancelli dei parchi i cani di guardia gli abbaian
20 dietro, furiosi, quando passa. Non risponde: non se ne cura nemmeno. Va e viene, imperturbabile, per la sua libera strada di accattone senza legge.

Uscendo di casa per le mie quotidiane passeggiate, io sono sicura che lo incontrerò. Direi che lo sento venire. Eccolo, infatti, che sbuca da uno svolto o da un monticolo di ghiaia, o, semplicemente, dall'aria. Mi si accosta, ormai, senz'esser chiamato: annusa la mia borsa, strofina il muso contro le mie mani, mi fa sentire il suo cordiale, grosso fiato anelante. Se, stanca, siedo su
30 una panchetta, si accovaccia ai miei piedi; e leva l'aguzzo muso verso di me, con gli occhi infantili, incerti, dei pazzi tranquilli.

☐ **fino ... trattorie**: anche davanti ai ristoranti con tavolini fuori
crostino (di pane) ☐ **avanzo**: residuo ☐ *plum-cake*: dolce
inglese

camerieri: servono a tavola ☐ **a bassa voce**: parlando poco
forte ☐ **pedate**: colpi di piede ☐ **qualche volta**: di tanto in
tanto ☐ **retrocucine**: locali dietro le cucine ☐ **è lo zimbello ...
sguatteri**: è oggetto di derisione per quelli che fanno da
mangiare ☐ **lazzi**: parole di derisione ☐ **lo scacciano**: lo fanno
partire ☐ **furberia**: astuzia ☐ **sinora**: fino a questo momento ☐
accalappiacani: cattura i cani randagi ☐ **magato**: dotato di
poteri sovrannaturali ☐ **pericolo**: rischio

☒ **dove dorma**: interrogativa indiretta ☐ **nessuno** ≠ qualcuno ☐
paese: villaggio ☒ <u>**mi si racconta**</u>: si racconta a me
giramondo: che vanno per il mondo
inscritta < inscrivere

☒ **accattivarselo**: conquistarlo per sé ☐ **museruola**: si mette al
muso del cane perché non morda ☐ **guinzaglio**: striscia di
cuoio per legare il cane
cancelli: porte fatte di sbarre ☒ **gli abbaian dietro**: fanno
baubau dietro di lui ☒ <u>**se ne cura**</u>: non ci fa attenzione
nemmeno: neanche
accattone: mendicante ☐ **senza legge**: completamente libero
passeggiate: piccole gite per prendere aria

eccolo: è qui ☐ **sbuca ... svolto**: esce dalla curva di un sentiero
ghiaia: sabbia grossa ☒ <u>**mi si accosta**</u>: viene accanto a me
ormai: adesso
strofina: passa e ripassa ☐ <u>**le mie mani**</u> < <u>la mia mano</u>
fiato anelante: respiro breve e urtato ☐ **stanca** ≠ riposata
panchetta: panchina pubblica per sedere ☐ **si accovaccia**: si
accuccia ☐ **aguzzo**: appuntito ☒ **verso <u>di</u> me**

Gli dico:

— Ma come puoi vivere senza nome, e senza
padrone?... Nessuno di noi, capisci, bestia mia, può
vivere senza un padrone. Il quale ci tenga a stecchetto, ci
strapazzi, ci bastoni, sia pure, ma in un modo o
nell'altro ci ami: che noi, a volte, si creda di odiare; ma
invece è amore. Capisci, bestia mia, è amore. Un
padrone ci vuole per vivere. Tu chi sei, cane, che non
hai, non vuoi un padrone?

10   Chi sa se mi capisce!... Tace. Né abbaiare né
mugolare, io non l'ho udito mai. Ne' suoi occhi persi
passano, volubili, i riflessi del lago. Fra un quarto d'ora
se ne andrà. Non m'è dato di fargli del bene, se non con
un tozzo di pane e una carezza fuggitiva. Cosí nero,
magro, sfiancato, miserabile: e con quella forza dentro,
che lo strappa a ogni servitù.

Una forza o un maleficio?...

Vi sono uomini cosí.

Vi sono donne cosí.

20   Senza padrone.

dico < dire
puoi < potere
⊘ **bestia <u>mia</u>** : vocativo □ **può** < potere
tenga < tenere, cong. □ **tenere a stecchetto** : dar poco da mangiare □ **strapazzi** : maltratti □ **sia pure** : anche, perfino
a volte : talvolta, qualche volta ⊘ **si creda <u>di</u> odiare** (≠ amare)
invece : al contrario
⊘ **ci vuole** : è necessario
vuoi < volere
tace : resta silenzioso
mugolare : lamentarsi □ **udito** : sentito □ **mai** ≠ sempre □ **ne'** : nei □ **volubili** : che cambiano facilmente ⊘ **fra** : indica un periodo futuro □ **non m'è dato** : non ho la possibilità
tozzo : pezzo
sfiancato : coi fianchi infossati
strappa a : gli evita
maleficio ≠ beneficio
vi sono : ci sono □ **(gli) uomini** < l'uomo □ **così** : di questo tipo

Grammaire au fil des nouvelles

Voici, dans l'ordre de leur apparition dans le texte, quelques phrases à compléter et à adapter (ou non) selon les indications données (le premier chiffre renvoie aux pages, le suivant aux lignes de la nouvelle).

Incontro ogni ...... *(giorno)* un cane. (48 - 3)

Questo cane trotterella sui miei passi come se ...... *(essere)* mio. (48 - 20)

I tavolini ...... tè sono preparati. (préposition pour l'usage, la destination, 50 - 1)

Nessuno sa dove lui ...... *(dormire).* (interrogative indirecte, 50 - 12)

...... (traduction de « le voici ») che sbuca ...... l'aria (préposition pour l'origine, 50 - 25, 26)

Un padrone ...... *(volerci)* per vivere. (verbe de nécessité, 52 - 8)

...... un quarto d'ora se ne andrà. (préposition, 52 - 12)

Dans les phrases suivantes remplacer le pronom fort, entre parenthèses, par le pronom faible :

...... si avvicina *(a me).* (48 - 8)

...... tendo *(a lui)* biscotti. (48 - 11)

.... racconta (traduction de *on me,* 50 - 13)

Una di quelle inglesi ha voluto accattivare ...... *(l'animale ; per sé),* mettere ...... *(a lui)* la museruola, fare ...... *(di lui)* il proprio cane. (50 - 16, 17)

Donnez le pluriel des expressions suivantes :

La donna inglese e la tedesca. (48 - 24)
Il cuoco getta un osso. (50 - 7)
La mia mano. (50 - 28)
Vi è un uomo cosí. (52 - 18)

Massimo Bontempelli

Invito

Nato a Como nel 1878, Massimo Bontempelli fu professore, editore, poeta, giornalista, romanziere, commediografo, accademico e senatore. Fondò nel 1926 la rivista *Novecento* che si opponeva al regionalismo in letteratura sostenendo la necessità di un'arte di carattere europeo. La sua opera di critico è fondamentale. Nella sua opera narrativa, con la sua prosa classica e limpida, riuscí a creare ciò che è stato chiamato il « realismo magico »: partendo da elementi realistici trasportava i suoi personaggi in un'atmosfera favolosa ed irreale ora lirica come in *Miracoli* (1923) e *Donna nel sole* (1926), ora piena di umorismo come in alcuni racconti della raccolta *La donna dei miei sogni* (1928), ora drammatica come nei romanzi *Il figlio di due madri* (1929) e *Vita di Adria e dei suoi figli* (1930). Queste diverse vene s'incontrano pure negli altri libri di Bontempelli fra i quali citiamo: *Sette savi* (1912), *Primi racconti** (1905-1914), *La vita intensa, La vita operosa* (1920), *La scacchiera davanti allo specchio* (1922), *Galleria degli schiavi* (1934), *L'amante fedele* (premio Strega 1953). Bontempelli morí a Roma nel 1960.

L'invito era per il tocco; al tocco Maria e suo marito arrivarono davanti alla trattoria elegante ove l'ospite era ad aspettarli. Li accolse con gran festa e li guidò dentro, verso un tavolino già pronto.

Maria guardava con grandi occhi abbacinati. Su un tavolino piú grande era una stesa di antipasti di venti colori. Maria ne distoglie lo sguardo; cerca di dimenticarli, ma non riesce. Aveva visto certe ulive grasse come tordi; pensava: — ne potessi portare due al pupo, gli
10 piacciono tanto. — Anche Romeo, che è il marito, ha adocchiato il salmone colore di rosa, pensando: — potessi portarne alla pupa, quanto le piacerebbe.

Poi ringraziano l'ospite e siedono al tavolino che batte un piede impaziente. Allora l'ospite chiamò un cameriere e fece mettere un po' di cartone sotto quel piede.

Ora l'ospite parla a loro, domandando:

— E i pupi?

Maria ingoiò in fretta il salmone che le avevano servito; intanto rispondeva Romeo:
20 — Al tocco fanno colazione a scuola con gli altri, poi vengono qui a prenderci.

— Bene — disse l'ospite allegramente. Lui e Romeo si misero a parlare della Francia. Maria guarda ancora una volta intorno, preme sulla tavola le mani un po' grasse cercando darsi un contegno. Continua a pensare ai pupi che oggi a scuola non avevano nel cestello altro che una frittata e due mele. Romeo sa che lei pensa questo: cercano di non guardarsi, ché gli occhi si

invito: fatto di invitare ☐ **il tocco**: le (ore) 13 ☐ <u>suo</u> **marito**
trattoria: ristorante ☐ **ove**: dove ☐ **ospite**: quello che ha
invitato ☐ **era ad aspettarli**: li attendeva ☐ **accolse**: ricevette, <
accogliere ☐ **tavolino pronto**: piccola tavola apparecchiata,
preparata ☐ **abbacinati**: accecati, abbagliati
stesa di antipasti: quantità di vivande per l'inizio del pranzo
distoglie lo sguardo: guarda altrove ☒ **cerca <u>di</u> dimenticarli**:
tenta di non pensarci più ☐ **riesce**: può, < riuscire ☐ **visto**:
veduto ☐ **tordi**: uccelli molto buoni; le ulive sono farcite ☒
potessi: il congiuntivo si usa per il desiderio ☐ **pupo**: bambino,
figlio ☐ **adocchiato**: veduto, scorto ☐ **salmone**: è un pesce
quanto le piacerebbe: come sarebbe contenta
ringraziano: dicono grazie a ☐ **siedono**: si siedono, < sedere ☐
batte un piede: non è in equilibrio ☐ **cameriere**: quello che
serve in un ristorante ☐ **fece** < fare ☐ **quel piede**

ingoiò in fretta: mangiò molto rapidamente
intanto: nello stesso tempo
fanno colazione: mangiano ☐ **a scuola**: dove studiano ☐ **poi**:
dopo ☐ **vengono** < venire ☐ **qui**: qua, in questo ristorante ☒
vengono <u>a</u> prenderci: vengono (< venire) a ritrovarci
misero < mettere ☐ **ancora una volta**: di nuovo
intorno: attorno a sé ☐ **preme**: appoggia ☐ **le mani** > la mano
darsi un contegno: nascondere il proprio imbarazzo
oggi: in questo giorno ☐ **cestello**: paniere ☐ **frittata**: uova
battute e cotte ☐ **mele**: fanno parte della frutta ☐ **sa** < sapere
ché... lacrime: perché i loro occhi sarebbero pieni di pianti

riempirebbero loro di lacrime. Romeo vorrebbe mettere tutto nel tovagliolo e correre alla Scuola Comunale, precipitarsi nella classe dei pupi, dirgli: — Ecco, è per voi. — Non ha il coraggio di dire all'ospite: — Se non ti dispiace ne metto un poco da parte, per quando arrivano.

Invece gli racconta:

— Vedessi che bei disegni fa il pupo: certi mari con le vele bianche lontane che pare vederle andare verso le 10 nuvole.

E Maria:

— Invece la pupa ha la passione del ballo, ogni sera prima di andare a letto balla davanti a noi, ma sola, come se fosse sulla scena.

L'ospite sorride e promette: — Ora quando arrivano gli faremo dare di quella bella torta laggiú; guardate. — La madre ha una gran voglia di gridare: — ma anche di questi, di questi! — Perché ora stanno ingoiando i tortellini: i pupi non ne mangiano che a Natale. 20 Romeo assicura: — Li troverai molto cresciuti, da quando li hai visti l'ultima volta.

Invece Maria guarda oltre la vetrata sulla piazza che brulica di gente contenta. Vorrebbe aver già finito. Si sente colpevole di aver incominciato a mangiare una cosa che i pupi non mangiano. Ha un groppo alla gola. Guarda verso Romeo, ma non incontra i suoi occhi. Sa che anche lui soffre a quel modo. Ma lui si vince, fa l'allegro con l'ospite, cerca di essere tanto cortese con lui, gli dice: — Sono eccellenti, il ripieno è fatto di 30 cervello e di pollo; li hai sentiti, Maria? — Maria china nel piatto il capo col cappellino timido, mormora: — Squisiti — poi ride un poco e racconta: — I pupi

vorrebbe < volere

tovagliolo: serve a tavola per pulirsi la bocca

dirgli: dir loro □ **ecco**: tutto questo

se non ti dispiace: se permetti, se sei d'accordo

ne metto da parte: ne conservo

invece: al contrario

⧄ (se tu) **ved<u>essi</u>**: è sottintesa una principale al condizionale

vele: permettono al veliero di andare avanti col vento

nuvole: acqua in sospensione nel cielo

ballo: danza □ **ogni se<u>ra</u>**: tutte le sere

prima di ≠ dopo □ **<u>a</u> letto**: a dormire; senza l'articolo □

davanti <u>a</u> ⧄ **come se <u>fosse</u>**: congiuntivo imperfetto □ **scena**:

palcoscenico □ **sorride**: ride leggermente □ **ora**: fra brevissimo

tempo □ **gli faremo dare**: faremo dare loro □ **torta**: è un dolce

□ **laggiù**: che si trova là, un po' distante □ **gran voglia**: grande

desiderio ⧄ **st<u>anno</u> ingoi<u>ando</u>**: forma progressiva

tortellini: anelli di pasta ripieni di carne □ **Natale**: festa che

ricorre il 25 dicembre □ **assicura**: afferma □ **cresciuti**: più alti,

< crescere □ **l'ultima volta**: nell'incontro precedente

oltre: al di là □ **vetrata**: larga finestra

che brulica di gente: dove si agitano molte persone □ **vorrebbe**

< volere □ **colpevole** ≠ innocente

groppo: nodo di pianto □ **gola**: cavità interna del collo

a qu<u>el</u> modo: nella stessa maniera □ **si vince**: riesce a dominare

i propri sentimenti □ **fa l'allegro**: fa finta di essere gioioso □

cerca <u>di</u> □ **ripieno**: ciò che c'è dentro

pollo: volatile, figlio della gallina □ **china**: inclina □ **piatto**:

recipiente nel quale si mettono gli alimenti □ **cappellino timido**:

copricapo di poco prezzo □ **capo**: testa □ **squisiti**: eccellenti

dicono cosí; quando faccio un piatto nuovo, domando
«è buono?» e loro «no»; «come no?» e loro «non è
buono, è squisito». — Anche l'ospite si mise a ridere,
poi annunciò: — Signora Maria, ecco una costoletta coi
tartufi. L'ho ordinata apposta per lei. Lei deve man-
giarla con attenzione, con intensità.

A Maria si serrò la gola, disse docilmente: — Sí.

— Una delizia — gridò Romeo; ma rimase con la
forchetta alzata, a guardar lei.

10 I tartufi mandavano un profumo enigmatico, un po'
sfatto, di muschi nascosti da secoli ai piedi di tronchi
immensi in mezzo a tenebrose foreste. Maria si sta
davvero esaltando in questo macerato odore, e volge
intorno dolci gli occhi, guarda le cose come porgendosi
in dono.

E i suoi occhi videro qualche cosa di piccolo, scuro,
vivace, che si avvicinava tra le gambe del cameriere in
mezzo ai tavolini; il cameriere li guida qua, nascono due
voci minute che dicono: — Siamo venuti, mamma.

20 Maria con un piccolo grido li stringe tra le braccia, la
forchetta precipita a terra, pupo e pupa salutano l'ospite,
l'ospite li cinge tutti e due con un braccio solo e poi
sgomentato grida «Dio, quante mosche ci sono!» e
davvero nasce un ronzío prima flebile poi a mano a
mano piú grosso, e di nuovo cala e s'allontana in un
soffio: i bimbi ridono felici, era l'ospite che faceva la
mosca con la bocca.

Ma i bambini han sentito subito l'odore nuovo, si
voltano, guardano nei piatti quella carne sottile, mor-
30 bida, bionda, mezzo sepolta sotto i dischi di velluto
nero, viene di lí quell'odore, hanno aperto grandissimi
gli occhi. Maria s'è fatta rossa fino alla radice dei

faccio < fare □ **piatto**: vivanda, pietanza

mise < mettere
costoletta: è carne
tartufi: funghi molto profumati e pregiatissimi □ **apposta**: in modo intenzionale
a Maria si serrò la gola: la gola di Maria si chiuse □ **disse** < dire □ **rimase**: restò < rimanere
alzata: in alto
mandavano: esalavano □ **profumo**: odore piacevole
sfatto: come se cominciassero a disfarsi □ **muschi**: piante che vivono in luoghi umidi □ **nascosti**: dissimulati □ **secoli**: 100 anni ⊠ **si sta esaltando** □ **macerato**: sottoposto alla macerazione □ **volge intorno**: gira attorno a sé □ **porgendosi in dono**: offrendosi
videro < vedere □ **scuro**: oscuro
vivace: pieno di vita □ **si avvicinava** ≠ si allontanava □ **gambe**: membra inferiori □ **in mezzo a**: tra □ **qua**: qui, ≠ là □ **nascono**: si fanno sentire □ **voci minute**: suoni piccoli che escono dalla bocca □ **stringe**: serra □ **le braccia**: membra superiori < il braccio □ **forchetta**: serve per mangiare □ **precipita**: cade □ **cinge**: tiene □ **tutti e due**
sgomentato: attonito, stupefatto □ **quante mosche!**: quanti insetti! □ **ronzío**: rumore lieve da insetto □ **prima** ≠ poi □ **flebile** ≠ forte □ **a mano a mano**: a poco a poco □ **cala**: diminuisce □ **soffio**: respiro
bocca: parte del viso che permette di mangiare e parlare
han: hanno
sottile, morbida: delicata, tenera
sepolta: nascosta, < seppellire □ **dischi di velluto nero**: fettine di tartufi □ **viene** < venire □ **lí**: là □ **quell'odore** □ **aperto** < aprire
fatta < fare □ **rossa**: colore del sangue □ **fino**: rafforza "a" □

capelli, e giú per tutto il collo. Romeo proclama
coraggiosamente: — Sono tartufi.

— Tartufi?

L'ospite si mise a spiegare ai bambini che cosa sono i
tartufi e come si trovano, a fare il verso del porco
quando li sente traverso la terra. I bambini ridono
appena, guardano al piatto. Maria non mangia piú, non
può mangiare; perché perché non osa tagliare in tanti
pezzettini quella costoletta, e darglieli, uno a te, uno a
10 te, uno a te...? Romeo è irrequietissimo, ha paura che
Maria faccia capire all'ospite il suo desiderio, queste cose
non si fanno.

Invece l'ospite non ci pensava neppure. Si volge al
cameriere e ordina: — Due piatti per i bambini, e della
frutta, e poi di quella torta.

I bambini si siedono, in due sulla stessa seggiola,
appoggiati con le spalle uno all'altra. L'ospite ha finito
la sua costoletta, si volta a ordinare il formaggio, e
tutt'a un tratto s'accorge che Maria non ha mangiato.
20 — Signora Maria, la sua costoletta?!

Maria esita un momento, poi impallidisce e risponde:
— Grazie, grazie davvero, non ho piú fame, non posso.

L'ospite è mortificato. Romeo fa un gesto come per
dire che nella vita tutto è inutile. Anche lui dopo quel
primo boccone non ha piú toccato la costoletta; ora che
i bambini l'hanno veduta, forse l'hanno desiderata, non
potrebbe, si capisce cosí bene. L'ospite è esterrefatto.
Arriva un bel pasticcio di verdure, l'ospite lo indica con
un volto pieno di desolazione, Maria guarda alla
30 sfuggita i bambini poi sorride a lui rifiutando — No,
grazie. — Romeo senza voce ripete il gesto di lei.
L'ospite si dimena, c'è qualche cosa di oscuro. Arrivano

radice dei capelli: origine dei peli della testa □ **giù**: più in basso

mise < mettere □ **spiegare**: chiarire il significato
verso: grido
traverso: attraverso

tagliare: dividere, fare a pezzi
pezzettini: porzioni molto piccole □ **darglieli**: darli loro
irrequietissimo: molto agitato ☒ **ha paura che faccia** (< fare): concordanza temporale □ **capire**: comprendere
fanno < fare
neppure: neanche, nemmeno

la frutta: è un collettivo singolare
si siedono < sedersi □ **in due** □ **stessa**: medesima □ **seggiola**: sedia □ **appoggiati... altra**: con la spalla *(épaule)* del bambino contro quella della bambina □ **ordinare**: dare l'ordine di portare □ **tutt'a un tratto**: molto subitaneamente □ **s'accorge**: si rende conto ☒ **la sua**: forma di cortesia
impallidisce: diviene pallida, bianca
fame: voglia di mangiare □ **posso** < potere

quel primo □ **boccone**: quantità di cibo che può entrare in bocca □ **toccato**: mangiato il minimo pezzo
forse: probabilmente
potrebbe < potere □ **così**: tanto □ **esterrefatto**: sbalordito, atterrito □ **pasticcio**: timballo □ **verdure**: legumi verdi
volto: faccia □ **alla sfuggita**: rapidamente e di nascoto
rifiutando ≠ accettando

si dimena: si agita □ **c'è cosa**: ci sono alcune cose

i formaggi, ma né Maria né Romeo ne vogliono, l'ospite segue un momento con lo sguardo il cameriere che torna via portandosene il vassoio alto con tutti quei gran blocchi bianchi verdi e dorati. E subito rieccolo recando la frutta; l'ospite mette nei piatti dei bambini due banane, un'arancia, una manciata di nocciole e di mandorle.

— Queste sí — grida Romeo illuminandosi; e si versa nel piatto un monte di frutta secca; e anche Maria dice:

10 — Volentieri, grazie — prende una mela e una banana e un mandarino.

Tutti e cinque mangiavano come se il pasto fosse incominciato allora. I grandi, mangiando, discorrevano precipitosamente. Romeo con la bocca piena proclama: — Mangiare è una delle cose piú belle della vita. — Sí, molto bella — dice Maria sbucciando teneramente il mandarino. Intanto l'ospite carezzava la fronte ai bambini.

né... né: correlativa negativa □ **ne**: dei formaggi □ **vogliono** <
volere □ **segue**: accompagna □ **torna via**: se ne va; via insiste
portandosene: portando con sé □ **vassoio**: gran piatto □ **quei**
gran blocchi bianchi □ **rieccolo**: torna di nuovo □ **recando**:
portando
banane, arancia, nocciole, mandorle: costituiscono la frutta □
manciata: quantità contenuta in una mano
illuminandosi: ridiventando vivace e allegro

una mela, un mandarino: fanno anche parte della frutta

tutti e cinque ☒ **come se fosse**: come se + congiuntivo
imperfetto □ **discorrevano**: parlavano
precipitosamente: con fretta, rapidamente □ **con**: si usa per il
modo ☒ **le cose più belle della vita**: senza l'articolo
sbucciando: togliendo la pelle di □ **teneramente** ≠ duramente
intanto: nello stesso tempo □ **la fronte**: la parte superiore del
viso

Grammaire au fil des nouvelles

*Voici, dans l'ordre de leur apparition dans le texte, quelques
phrases à compléter et à adapter (ou non) selon les
indications données (le premier chiffre renvoie aux pages,
les suivants aux lignes de la nouvelle).*

...... *(potere)* io portarne a mia figlia, quanto le piacerebbe !
...... (souhait, 56 - 12)

Al tocco i bambini ...... *(fare)* **colazione a scuola poi** ......
(venire) **qui.** (indicatif présent, 56 - 20, 21)

Romeo ...... *(volere)* **mettere tutto nel tovagliolo.** (conditionnel,
58-1)

...... (indéfini) **sera balla come se** ...... *(essere)* **sulla scena.**
(préposition pour l'origine, 58 - 14)

Ora loro ...... *(ingoiare)* **i tortellini.** (forme progressive, 58 - 18,
19)

Maria ...... *(esaltarsi).* (forme progressive, 60 - 12, 13)

...... *(quanto)* **mosche ci sono !** (60 - 23)

Maria taglia in ...... *(tanto)* **pezzettini quella costoletta.**
(62 - 8)

Ha paura che Maria ...... *(fare)* **capire il suo desiderio.**
(concordance des temps, 62 - 11)

Signora Maria, deve mangiare ...... **costoletta.** (possessif de la
forme de politesse, 62-18).

Lui non ...... *(potere)* **mangiare.** (conditionnel, 62 - 27)

È un ...... *(bello)* **pasticcio.** (62 - 28)

C'è ...... *(indéfini)* **cosa di oscuro.** (62 - 32)

Porta il vassoio con tutti ...... *(quel blocco bianco).* (pluriel,
64 - 3, 4)

Mangiare è una delle cose ...... **belle** ...... **la vita.** (superlatif relatif
de supériorité, 64 - 15)

Edmondo De Amicis

Naufragio

Nato ad Oneglia in Liguria nel 1846, Edmondo De Amicis morí a Bordighera nel 1908. Sottotenente alla scuola militare di Torino ha partecipato alla campagna del 1856, ha combattuto a Custozza poi a Roma nel 1870. Quando scrive *Cuore**, è già un autore noto, ha ottenuto il successo nel 1868 con la raccolta di novelle *Vita militare* che gli ha permesso dopo di dare le dimissioni per consacrarsi alla letteratura. Numerosi viaggi gli hanno dato la materia di diversi libri: *Spagna* (1872), *Marocco* (1876), *Olanda e ricordi di Londra* (1878), *Costantinopoli,* e *Ricordi di Parigi* (1879). Ma è appunto *Cuore*, un libro per i bambini che gli diede la vera fama, fu pubblicato il 16 ottobre 1886. Si tratta della storia dell'anno scolastico 1881-1882, scritta sotto forma di diario da Enrico Bottini, un alunno di 3a elementare di una scuola di Torino; ogni mese viene introdotta una storia che è «sempre il racconto d'un atto bello e vero, compiuto da un ragazzo». Il libro fu tradotto con gran successo un po' dappertutto nel mondo e portato allo schermo da Luigi Comencini nel 1984. Dell'autore citiamo ancora il bel romanzo *Amore e ginnastica*, pubblicato nel 1892.

Parecchi anni or sono, una mattina del mese di dicembre, salpava dal porto di Liverpool un grande bastimento a vapore, che portava a bordo più di duecento persone, fra le quali settanta uomini d'equipaggio. Il capitano e quasi tutti i marinai erano inglesi. Fra i passeggeri si trovavano vari italiani: tre signore, un prete, una compagnia di suonatori. Il bastimento doveva andare all'isola di Malta. Il tempo era oscuro.

In mezzo ai viaggiatori della terza classe, a prua, c'era 10 un ragazzo italiano d'una dozzina d'anni, piccolo per l'età sua, ma robusto; un bel viso ardimentoso e severo di siciliano. Se ne stava solo vicino all'albero di trinchetto, seduto sopra un mucchio di corde, accanto a una valigia logora, che conteneva la sua roba, e su cui teneva una mano. Aveva il viso bruno e i capelli neri e ondulati che gli scendevan quasi sulle spalle. Era vestito meschinamente, con una coperta lacera sopra le spalle e una vecchia borsa di cuoio a tracolla. Guardava intorno a sé, pensieroso, i passeggieri, il bastimento, i marinai 20 che passavan correndo, e il mare inquieto. Aveva l'aspetto di un ragazzo uscito di fresco da una grande disgrazia di famiglia: il viso d'un fanciullo, l'espressione d'un uomo.

Poco dopo la partenza, uno dei marinai del bastimento, un italiano, coi capelli grigi, comparve a prua conducendo per mano una ragazzina, e fermandosi davanti al piccolo siciliano, gli disse: — Eccoti una compagna di viaggio, Mario.

Parecchi: un certo numero di □ **or sono**: fa; indica il tempo passato □ **dicembre**: è l'ultimo mese dell'anno □ **salpava**: partiva □ **Liverpool**: è in Inghilterra □ **un bastimento**: una nave □ **duecento**: 200 □ **fra le quali**: compresi □ **settanta**: 70 □ **uomini** < uomo □ **quasi**: pressoché □ **marinaio**: va sul mare □ **inglesi**: dell'Inghilterra □ **passeggeri**: quelli che viaggiavano □ **vari**: diversi □ **signore**: donne □ **prete**: ecclesiastico □ **suonatori**: musicisti □ **isola**: come la Sicilia □ **Malta**: è nel Mediterraneo ad est della Sicilia □ **in mezzo a**: fra □ **terza classe**: quella dei poveri □ **prua**: parte anteriore della nave □ **dozzina**: 12 circa □ **età**: numero degli anni □ **bel viso ardimentoso**: bella faccia audace □ **se ne stava**: si teneva □ **albero di trinchetto**: albero (*mât*) piú vicino alla prua □ **mucchio di corde**: corde accumulate □ **logora** ≠ nuova □ **roba**: affari personali □ **su cui**: sulla quale □ **una mano**: ha cinque dita □ **capelli**: peli sulla testa □ **scendevan(o)**: erano lunghi □ **spalle**: parte superiore del dorso □ **meschinamente**: miseramente □ **coperta**: si mette sul letto □ **lacera**: logora □ **cuoio**: pelle conciata □ **a tracolla**: in bandoliera □ **sé**: riflessivo **passavan**: apocope della o finale (cf: scendevan, 1. 16) □ **inquieto**: mosso □ **uscito ... famiglia**: che aveva conosciuto poco prima un grave problema familiare □ **fanciullo**: ragazzo

poco (tempo)
grigi: tra neri e bianchi □ **comparve**: apparve, < comparire **conducendo** < condurre □ **ragazzina**: piccola ragazza; diminutivo □ **fermandosi**: smettendo di camminare □ **disse** < dire □ **eccoti**: questa è per te, pronome enclitico

Poi se n'andò.

La ragazza sedette sul mucchio di corde, accanto al ragazzo.

Si guardarono.

— Dove vai? — le domandò il siciliano.

La ragazza rispose: — A Malta, per Napoli.

Poi soggiunse: — Vado a ritrovar mio padre e mia madre che m'aspettano. Io mi chiamo Giulietta Faggiani.

10   Il ragazzo non disse nulla.

— Dopo alcuni minuti tirò fuori dalla borsa del pane e delle frutta secche; la ragazza aveva dei biscotti; mangiarono.

— Allegri! — gridò il marinaio italiano passando rapidamente. — Ora si comincia un balletto!

Il vento andava crescendo, il bastimento rullava fortemente. Ma i due ragazzi, che non pativano il mal di mare, non ci badavano. La ragazzina sorrideva. Aveva presso a poco l'età del suo compagno, ma era assai più
20   alta: bruna di viso, sottile, un po' patita, e vestita più che modestamente. Aveva i capelli tagliati corti e ricciuti, un fazzoletto rosso intorno al capo e due cerchiolini d'argento alle orecchie.

Mangiando, si raccontarono i fatti loro. Il ragazzo non aveva più né padre né madre. Il padre, operaio, gli era morto a Liverpool pochi dí prima, lasciandolo solo, e il Console italiano aveva rimandato lui al suo paese, a Palermo, dove gli restavan dei parenti lontani. La ragazzina era stata condotta a Londra, l'anno avanti, da
30   una zia vedova, che l'amava molto e a cui i suoi parenti, — poveri, — l'avevan concessa qualche tempo, fidando

se n': se ne (= si + ne)
sedette: si mise seduta

dove: in che luogo □ **vai** < andare; come vado (1.7)
rispose < rispondere □ **Napoli**: capoluogo della Campania
soggiunse: disse ancora, < soggiungere ☒ **vado a ritrovare** ☒
mio padre e mia madre: □ **aspettano**: attendono

nulla: niente
alcuni minuti: qualche minuto □ **fuori** ≠ dentro
le frutta secche □ **biscotti**: piccoli dolci secchi

allegri!: gioia!; ma il marinaio vuol dire il contrario
balletto: danza, significa che il mare sta per ballare, che ci sarà
una tempesta □ **andava crescendo**: diveniva più forte □
rullava: oscillava □ **pativano**: soffrivano di
ci badavano: ci facevano attenzione □ **sorrideva**: rideva un po'
presso a poco: quasi □ **assai**: molto
alta: di statura □ **sottile** ≠ grossa □ **patita**: sofferente
tagliati corti ≠ lunghi
ricciuti ≠ lisci □ **fazzoletto**: foulard □ **rosso**: colore vivace □
intorno a: attorno a □ **cerchiolini**: piccoli cerchi, orecchini □
orecchie: permettono di udire □ **i fatti loro**: la propria storia
né ... né: correlativa negativa □ **operaio**: lavora in una fabbrica
□ **gli**: valore intensivo □ **dì**: giorni □ **prima** ≠ dopo
Console: tutela gli interessi dei concittadini in un paese
straniero □ **rimandato**: inviato □ **Palermo**: capoluogo della
Sicilia ☒ **era stata** □ **condotta** < condurre □ **avanti**: prima □
da: a casa di □ **zia**: sorella del padre o della madre □ **vedova**:
il cui marito è morto □ **concessa**: affidata □ **fidando ... eredità**:

nella promessa d'un'eredità; ma pochi mesi dopo la zia
era morta schiacciata da un omnibus, senza lasciare un
centesimo; e allora anch'essa era ricorsa al Console che
l'aveva imbarcata per l'Italia. Tutti e due erano stati
raccomandati al marinaio italiano. — Cosí, — concluse
la bambina, — mio padre e mia madre credevano che
ritornassi ricca, e invece ritorno povera. Ma tanto mi
voglion bene lo stesso. E i miei fratelli pure. Quattro ne
ho, tutti piccoli. Io son la prima di casa. Li vesto.
10 Faranno molta festa a vedermi. Entrerò in punta di
piedi... Il mare è brutto.

Poi domandò al ragazzo: — E tu vai a stare coi tuoi
parenti?

— Sí... se mi vorranno, — rispose.

— Non ti vogliono bene?

— Non lo so.

— Io compisco tredici anni a Natale, — disse la
ragazza.

Dopo cominciarono a discorrere del mare e della
20 gente che avevano intorno. Per tutta la giornata stettero
vicini, barattando tratto tratto qualche parola. I passeggieri li credevano fratello e sorella. La bambina faceva la
calza, il ragazzo pensava, il mare andava sempre
ingrossando. La sera, al momento di separarsi per andar
a dormire, la bambina disse a Mario: — Dormi bene.
— Nessuno dormirà bene, poveri figliuoli! — esclamò il
marinaio italiano, passando di corsa, chiamato dal
capitano. Il ragazzo stava per rispondere alla sua amica:
— Buona notte, — quando uno spruzzo d'acqua
30 inaspettato lo investí con violenza e lo sbatté contro un
sedile. — Mamma mia, che fa sangue! — gridò la
ragazza gettandosi sopra di lui. I passeggeri che

credendo che avrebbe ricevuto soldi alla morte della zia
schiacciata da: sotto; **da** introduce il complemento d'agente □ **essa**: lei □ **era ricorsa**: aveva chiesto aiuto a
tutti e due ☒ **erano stati raccomandati**: erano stati affidati
cosí: in questo modo □ **concluse** < concludere
mio padre...: senza l'articolo ☒ **credevano che ritornassi ricca** ≠ povera □ **invece**: al contrario □ **tanto**: ad ogni modo □ **mi voglion(o) bene lo stesso**: mi amano ugualmente ☒ **i miei fratelli** □ **pure**: anche □ **son(o)**: apocope □ **la prima di casa**: la maggiore □ **li vesto**: metto loro i vestiti ☒ **faranno molta festa a vedermi**: saranno molto contenti quando mi vedranno □ **in punta di piedi** □ **brutto** ≠ bello □ **vai a stare**: vai (< andare) a vivere
☒ **se mi vorranno** (starò con loro): concordanza temporale; < volere
so < sapere
compisco: avrò □ **Natale**: 25 dicembre, festa della nascita di Cristo
discorrere: parlare □ **la gente**: le persone
avevano intorno: si trovava attorno a loro □ **per**: indica la durata □ **stettero vicini**: restarono uno accanto all'altra □ **barattando ... qualche parola**: scambiando di tanto in tanto alcune parole □ **faceva la calza**: lavorava a maglia ☒ **andava ingrossando**: andare + gerundio indica la progressione (cf. 70-16)
poveri figlioli: è compassionevole □ **esclamò**: non riflessivo
di corsa: rapidamente
☒ **stava per rispondere**: futuro imminente
notte ≠ giorno □ **spruzzo**: getto
inaspettato: inatteso □ **investí**: urtò □ **sbatté**: fece urtare
sedile: serve per sedere □ **mamma mia!**: esclamazione di paura □ **che fa sangue**: sanguina

scappavano sotto, non ci badarono. La bimba s'inginocchiò accanto a Mario, ch'era rimasto sbalordito dal
colpo, gli pulí la fronte che sanguinava, e levatosi il
fazzoletto rosso dai capelli glielo girò intorno al capo,
poi si strinse il capo sul petto per annodare le cocche, e
cosí fece una macchia di sangue sul vestito giallo, sopra
la cintura. Mario si riscosse, si rialzò. — Ti senti
meglio? — domandò la ragazza. — Non ho piú nulla,
— rispose. — Dormi bene, — disse Giulietta. — Buona
10 notte, — rispose Mario. E discesero per due scalette
vicine nei loro dormitori.

Il marinaio aveva predetto giusto. Non erano ancora
addormentati, che si scatenò una tempesta spaventosa.
Fu come un assalto improvviso di cavalloni furiosi che
in pochi momenti spezzarono un albero, e portaron via
come foglie tre delle barche sospese alle gru e quattro
bovi ch'erano a prua. Nell'interno del bastimento nacque
una confusione e uno spavento, un rovinio, un frastuono
di grida, di pianti e di preghiere, da far rizzare i capelli.
20 La tempesta andò crescendo di furia tutta la notte. Allo
spuntar del giorno crebbe ancora. Le onde formidabili,
flagellando il piroscafo per traverso, irrompevano sopra
coperta, e sfracellavano, spazzavano, travolgevano nel
mare ogni cosa. La piattaforma che copriva la macchina
fu sfondata, e l'acqua precipitò dentro con un fracasso
terribile, i fuochi si spensero, i macchinisti fuggirono;
grossi rigagnoli impetuosi penetrarono da ogni parte.
Una voce tonante gridò: — Alle pompe! — Era la voce
del capitano. I marinai si slanciarono alle pompe. Ma un
30 colpo di mare subitaneo, percotendo il bastimento per di
dietro, sfasciò parapetti e portelli, e cacciò dentro un
torrente.

scappavano sotto: fuggivano dentro la nave □ **badarono**: fecero attenzione □ **s'inginocchiò**: si mise sulle ginocchia □ **rimasto sbalordito**: restato stordito □ **colpo**: urto □ **pulí**: lavò □ **la fronte** □ **levatosi**: participio passato assoluto □ **girò**: avvolse □ **capo**: testa □ **strinse**: serrò □ **petto**: seno □ **cocche**: punte **fece una macchia**: lasciò una traccia □ **giallo**: colore dell'oro **cintura**: stringe la vita □ **si riscosse**: riprese i sensi □ **si rialzò**: si rimise in piedi

discesero: andarono giú □ **scalette**: piccole scale, permettono di scendere □ **dormitorio**: dove si dorme **predetto**: detto in anticipo □ **non... addormentati**: non dormivano ancora □ **si scatenò**: si sollevò con furia □ **spaventosa**: terribile □ **assalto**: attacco □ **cavalloni**: grosse onde **spezzarono**: ruppero, tagliarono □ **albero**: *mât* □ **via**: rafforza il verbo □ **foglie**: sono sui rami □ **sospese** < sospendere **bovo**: piccola imbarcazione a vela □ **nacque**: si creò, < nascere **spavento, rovinio, frastuono**: paura, fracasso, rumore assordante **(le) grida** < il grido □ **pianti** < piangere □ **preghiere**: orazioni a Dio □ **da**: per l'uso □ **rizzar(e)**: alzarsi sulla testa **lo spuntar(e)**: l'inizio; infinito sostantivato □ **crebbe** < crescere **flagellando**: urtando □ **il piroscafo**: la nave □ **irrompevano sopra coperta**: si precipitavano sul ponte superiore □ **sfracella-vano... travolgevano**: rompevano, fracassavano, portavano via □ **copriva**: si trovava su □ **sfondata**: distrutta □ **precipitò**: entrò con violenza □ **fuochi**: hanno fiamme □ **spensero** ≠ accesero; < spegnere □ **rigagnoli**: piccoli rivi d'acqua □ **da**: segna l'origine **si slanciarono**: si lanciarono con impeto; la s- è intensiva **colpo**: percossa □ **percotendo**: urtando **sfasciò**: distrusse □ **portelli**: aperture nel fianco della nave □ **cacciò dentro**: fece entrare

Tutti i passeggieri, più morti che vivi, s'erano rifugiati nella sala grande.

A un certo punto comparve il capitano.

— Capitano! Capitano! — gridarono tutti insieme. — Che si fa? Come stiamo? C'è speranza? Ci salvi!

Il capitano aspettò che tutti tacessero, e disse freddamente: — Rassegnamoci.

Una sola donna gettò un grido: — Pietà! — Nessun altri poté metter fuori la voce. Il terrore li aveva
10 agghiacciati tutti. Molto tempo passò, cosí, in un silenzio di sepolcro. Tutti si guardavano, coi visi bianchi. Il mare infuriava sempre, orrendo. Il bastimento rullava pesantemente. A un dato momento il capitano tentò di lanciare in mare una barca di salvamento: cinque marinai v'entrarono, la barca calò; ma l'onda la travolse, e due dei marinai s'annegarono, fra i quali l'italiano; gli altri a stento riuscirono a riafferrarsi alle corde e a risalire.

Dopo questo i marinai medesimi perdettero ogni
20 coraggio. Due ore dopo, il bastimento era già immerso nell'acqua fino all'altezza dei parasartie.

Uno spettacolo tremendo si presentava intanto sopra coperta. Le madri si stringevano disperatamente al seno i figliuoli, gli amici si abbracciavano e si dicevano addio: alcuni scendevan sotto nelle cabine, per morire senza vedere il mare. Un viaggiatore si tirò un colpo di pistola al capo, e stramazzò bocconi sulla scala del dormitorio, dove spirò. Molti s'avvinghiavano freneticamente gli uni agli altri, delle donne si contorcevano in
30 convulsioni orrende. Parecchi stavano inginocchiati intorno al prete. S'udiva un coro di singhiozzi, di lamenti infantili, di voci acute e strane, e si vedevan qua

comparve: apparve < comparire

☑ **ci salvi**: congiuntivo per l'imperativo di cortesia
☑ **tacessero**: facessero silenzio; < tacere, non riflessivo
rassegnamoci: accettiamo la nostra sorte
pietà!: misericordia! □ **nessuno** ≠ qualcuno □ **altri**: altro
metter fuori la voce: far uscire un suono dalla bocca □ **il**
terrore: maschile □ **agghiacciati**: resi di ghiaccio, come acqua
gelata □ **sepolcro**: tomba
infuriava: era furioso □ **orrendo**: spaventoso
dato: certo
di salvamento: per salvare delle persone
v': vi, ci, in essa □ **calò**: scese, andò giú
travolse < travolgere □ **s'annegarono**: perirono in acqua
a stento: con difficoltà □ **riafferrarsi**: riattaccarsi
risalire: tornare sulla nave
medesimi: stessi
immerso < immergere
i parasartie: *porte-haubans*
tremendo: terribile □ **intanto sopra coperta**: nello stesso tempo
sul ponte superiore
figliuoli: figli piccoli □ **si abbracciavano**: si prendevano nelle
braccia □ **alcuni**: certi

pistola: revolver □ **stramazzò**: cadde pesantemente □ **bocconi**:
disteso con la faccia in giú □ **spirò**: morí □ **s'avvinghiavano**: si
stringevano con forza □ **si contorcevano**: si torcevano in tutto
il corpo □ **parecchi**: un gran numero di persone
☑ **s'udiva un coro**: si sentivano voci unite □ **singhiozzi**: *sanglots*
lamenti: voci di dolore □ **acute e strane**: alte e bizzarre

e là delle persone immobili come statue, istupidite, con gli occhi dilatati e senza sguardo, delle facce di cadaveri e di pazzi. I due ragazzi, Mario e Giulietta, avviticchiati a un albero del bastimento, guardavano il mare con gli occhi fissi, come insensati.

Il mare s'era quetato un poco; ma il bastimento continuava ad affondare, lentamente. Non rimanevan più che pochi minuti.

— La scialuppa a mare! — gridò il capitano.

10 Una scialuppa, l'ultima che restava, fu gettata all'acqua, e quattordici marinai, con tre passeggieri vi scesero.

Il capitano rimase a bordo.

— Discenda con noi! — gridarono di sotto.

— Io debbo morire al mio posto, — rispose il capitano.

— Incontreremo un bastimento, — gli gridarono i marinai, — ci salveremo. Discenda. Lei è perduto.

— Io rimango.

20 — C'è ancora un posto! — gridarono allora i marinai, rivolgendosi agli altri passeggieri. Una donna!

Una donna s'avanzò sorretta dal capitano; ma vista la distanza a cui si trovava la scialuppa, non si sentí di spiccare il salto, e ricadde sopra coperta. Le altre donne eran quasi tutte già svenute e come moribonde.

— Un ragazzo! — gridarono i marinai.

A quel grido, il ragazzo siciliano e la sua compagna, ch'eran rimasti fino allora come pietrificati da uno stupore sovrumano, ridestati improvvisamente dal vio-
30 lento istinto della vita, si staccarono a un punto solo dall'albero e si slanciarono all'orlo del bastimento,

☐ **si vedevan(o) persone** ☐ **istupidite**: rese stupide

pazzi: hanno perso la ragione, matti ☐ **avviticchiati a**: stretti attorno a

insensati: privi di senso, di ragione

s'era quetato: era divenuto piú calmo, quieto, tranquillo

affondare: andare a fondo ☐ **rimanevan(o)**: restavano

pochi minuti: maschile

scialuppa: barca di salvataggio ☐ **a mare**

quattordici: 14 ☐ **vi**: ci

scesero ≠ salirono, < **scendere**: discendere

rimase: restò < **rimanere**

⊘ **discenda!**: congiuntivo per l'imperativo di cortesia ☐ **sotto** ≠ sopra ☐ **debbo**: devo, < **dovere** ☐ **rispose** < **rispondere**

incontreremo: troveremo sul mare

ci salveremo: fuggiremo al pericolo ⊘ **Lei è**: forma di cortesia

rimango: resto, < **rimanere**

rivolgendosi: parlando, volgendo le parole a

s'avanzò: venne avanti ☐ **sorretta**: sostenuta, < **sorreggere** ⊘ **vista la distanza**: participio passato assoluto ☐ **non si ... salto**: non ebbe il coraggio di saltare giú ☐ **ricadde**: si ritrovò distesa < **cadere** ☐ **svenute**: prive di sensi

quel grido

rimasti: restati < **rimanere** ☐ **fino allora**: fino a quel momento

ridestati: come risvegliati

staccarono: attaccarono ☐ **a un punto solo**: nello stesso momento ☐ **slanciarono**: gettarono avanti ☐ **orlo**: *bord*

urlando a una voce: — A me! — e cercando di
cacciarsi indietro a vicenda, come due belve furiose.

— Il più piccolo! — gridarono i marinai. — La
barca è sopraccarica! Il più piccolo!

All'udir quella parola la ragazza, come fulminata,
lasciò cascar le braccia, e rimase immobile, guardando
Mario con gli occhi morti.

Mario guardò lei un momento, — le vide la macchia
di sangue sul petto, — si ricordò, — il lampo d'una idea
10 divina gli passò sul viso.

— Il piú piccolo! — gridarono in coro i marinai, con
imperiosa impazienza. — Noi partiamo!

E allora Mario, con una voce che non parea più la
sua, gridò: — Lei è piú leggiera. A te, Giulietta! Tu hai
padre e madre! Io son solo! Ti do il mio posto! Va'
giú!

— Gettala in mare! — gridarono i marinai.

Mario afferrò Giulietta alla vita e la gettò in mare.

La ragazza mise un grido e fece un tonfo; un
20 marinaio l'afferrò per un braccio e la tirò su nella
barca.

Il ragazzo rimase ritto sull'orlo del bastimento, con la
fronte alta, coi capelli al vento, immobile, tranquillo,
sublime.

La barca si mosse, e fece appena in tempo a scampare
dal movimento vorticoso delle acque prodotto dal
bastimento che andava sotto, e che minacciò di
travolgerla.

Allora la ragazza, rimasta fino a quel momento quasi
30 fuori di senso, alzò gli occhi verso il fanciullo e diede in
uno scroscio di pianto.

cercando di cacciarsi indietro a vicenda: tentando ognuno di respingere l'altro dietro di sé □ **belve**: animali selvatici

sopraccarica: troppo piena
all'udir(e): infinito sostantivato □ **fulminata**: distrutta
cascar(e): cadere □ **le braccia** < **il** braccio
morti: senza piú vita
lei: complemento oggetto, forma forte, mette in rilievo □ **vide** < vedere □ **lampo**: luce improvvisa
gli passò sul viso: passò sul suo viso

imperiosa: autoritaria
parea: pareva

son: sono; apocope □ **do** < dare □ **va'**! < andare
giú: in basso; ≠ su
gettala!: enclisi del pronome dopo l'imperativo □ **in mare**
afferrò: prese
mise un gridò: cacciò un grido, gridò □ **fece** < fare □ **tonfo**: rumore di una caduta nell'acqua

ritto: diritto ≠ curvo
alta ≠ china □ **coi**: con si usa per il modo

si mosse: partí < muoversi □ **fece appena in tempo a scampare da**: non ebbe quasi il tempo di evitare □ **vorticoso**: che subisce rotazioni rapide e continue □ **prodotto** < produrre □ **andava sotto**: affondava □ **travolgerla**: portarla via
quasi: pressoché
fuori di senso: senza piú sentimenti e ragione □ **alzò**: levò □
fanciullo: ragazzo □ **diede ... pianto**: si mise a piangere forte

— Addio, Mario! — gli gridò fra i singhiozzi, con le braccia tese verso di lui. — Addio! Addio! Addio!

— Addio! — rispose il ragazzo, levando la mano in alto.

La barca s'allontanava velocemente sopra il mare agitato, sotto il cielo tetro. Nessuno gridava piú sul bastimento. L'acqua lambiva già gli orli della coperta.

A un tratto il ragazzo cadde in ginocchio con le mani giunte e cogli occhi al cielo.

10   La ragazza si coperse il viso.

Quando rialzò il capo, girò uno sguardo sul mare: il bastimento non c'era piú.

fra: in mezzo a
tese < tendere □ **verso di lui**: **di** davanti al pronome
in alto: su

tetro: triste
lambiva: leccava □ **coperta**: ponte superiore
a un tratto: all'improvviso, di colpo □ **cadde** < cadere □ **in ginocchio**: sulle ginocchia □ **giunte**: riunite
si coperse: si mise le mani su, < coprirsi
rialzò: rilevò □ **girò uno sguardo**: guardò attorno a sé
non c'era piú: era scomparso

Grammaire au fil des nouvelles

Voici, dans l'ordre de leur apparition dans le texte, quelques phrases à compléter et à adapter (ou non) selon les indications données (le premier chiffre renvoie aux pages, les suivants aux lignes de la nouvelle).

Un bastimento portava a bordo settanta ...... *(uomo)*, tutti ...... *(il marinaio)* erano ...... *(inglese)*. (pluriel, 68 - 4, 5)

Aveva un ...... *(bello)* viso. (68 - 11)

Se ne stava vicino ...... l'albero, accanto ...... una valigia, guardava intorno ...... sé. (prépositions, 68 - 12, 13, 19)

Era stata condotta da una zia a ...... i suoi parenti l'avevano concessa. (relatif, 70 - 29, 30)

...... *(poco)* mesi dopo la zia era stata schiacciata ...... (préposition) un autobus. (72 - 1, 2)

...... padre e ...... madre mi vogliono bene e ...... fratelli pure. (possessif 1re personne, 72 - 6, 8)

I genitori credevano che io ...... *(ritornare)* ricca. (concordance des temps, 72 - 7)

Ieri il ragazzo ...... *(rispondere)*. (futur proche, 72 - 28)

...... *(levarsi)* il fazzoletto, glielo girò intorno al capo. (participe passé absolu, 74 - 3, 4).

Il capitano aspettò che tutti ...... *(tacere)*. (concordance des temps, 76 - 6)

Si ...... *(udire* à l'imparfait*)* un coro di singhiozzi e si ...... *(vedere* à l'imparfait*)* delle persone immobili. (traduction de "on" par *si*, 76 - 31, 32)

...... *(discendere)*, Signore ! (impératif de la forme de politesse, 78 - 14)

Io ...... *(dovere)* morire al mio posto, io ...... *(rimanere)*. (indicatif présent, 78 - 15, 19)

...... *(andare)* giù ! ...... *(gettarla)* al mare ! (impératif 2e personne du singulier, 80 - 15, 19)

La ragazza ...... *(mettere)* un grido e ...... *(fare)* un tonfo. Il ragazzo ...... *(rimanere)* ritto sull'orlo del bastimento. La barca ...... *(muoversi)*. (passato remoto, 80 - 19, 22, 25)

La ragazza gridò con ...... *(il braccio teso)* verso di lui. (pluriel, 82 - 2)

Dino Buzzati

Il mantello

Dino Buzzati nacque a Belluno il 16 ottobre 1906. Compí gli studi a Milano e fu giornalista al *Corriere della sera* sin dal 1928. Come scrittore, dopo due libri di cui quasi nessuno si accorse (*Barnabo delle montagne* e *Il segreto del Bosco vecchio*), Buzzati raggiunse la notorietà nel 1940 con *Il deserto dei Tartari*. Seguirono altri libri che consolidarono la fama internazionale dello scrittore : *I sette messaggeri* (1942), *Paura alla Scala* (1949), *Il crollo della Baliverna* (1957), *Sessanta racconti* (1958), *Un amore* (1963), *Il colombre* (1966), *Le notti difficili* (1971)...

In tutti i romanzi o racconti di Buzzati si ritrova una concezione della vita dominata da un'inquietudine metafisica. Per lui l'infanzia è l'unico periodo felice della vita ; dopo l'uomo conosce soltanto l'infelicità legata alla solitudine, all'angoscia creata dalla fuga vertiginosa del tempo con la presenza ossessionante della morte. Per poter continuare a vivere è quindi costretto a crearsi dei miti. La creazione letteraria di Buzzati è caratterizzata da una tendenza al fiabesco e al surreale : partendo da situazioni del tutto normali, l'autore introduce un elemento straordinario che crea in modo istantaneo un mondo fantastico.

Buzzati fu anche pittore e illustrò certi suoi libri come *La famosa invasione degli orsi in Sicilia* (1945), *Poema a fumetti* (1969), *I miracoli di Val Morel* (1971). Morí il 23 gennaio 1972 a Milano.

Dopo interminabile attesa quando la speranza già cominciava a morire, Giovanni ritornò alla sua casa. Non erano ancora suonate le due, sua mamma stava sparecchiando, era una giornata grigia di marzo e volavano cornacchie.

Egli comparve improvvisamente sulla soglia e la mamma gridò: «Oh benedetto!» correndo ad abbracciarlo. Anche Anna e Pietro, i due fratellini molto piú giovani, si misero a gridare di gioia. Ecco il momento
10 aspettato per mesi e mesi, cosí spesso balenato nei dolci sogni dell'alba, che doveva riportare la felicità.

Egli non disse quasi parola, troppa fatica costandogli trattenere il pianto. Aveva subito deposto la pesante sciabola su una sedia, in testa portava ancora il berretto di pelo. «Lasciati vedere» diceva tra le lacrime la madre, tirandosi un po' indietro «lascia vedere quanto sei bello. Però sei pallido, sei».

Era alquanto pallido infatti e come sfinito. Si tolse il berretto, avanzò in mezzo alla stanza, si sedette. Che
20 stanco, che stanco, perfino a sorridere sembrava facesse fatica. «Ma togliti il mantello, creatura» disse la mamma, e lo guardava come un prodigio, sul punto d'esserne intimidita; com'era diventato alto, bello fiero (anche se un po' troppo pallido).

«Togliti il mantello, dammelo qui, non senti che caldo?» Lui ebbe un brusco movimento di difesa, istintivo, serrandosi addosso il mantello, per timore forse che glielo strappassero via.

attesa: fatto di aspettare, di attendere

le (ore) **due**: del pomeriggio □ <u>**stava**</u> **sparecchiando**: stava togliendo i piatti e le posate dalla tavola dopo il pranzo; forma progressiva □ **cornacchie**: sono uccelli neri di morte
comparve: apparve; < comparire □ **soglia**: porta di casa
benedetto!: esclamazione di contentezza □ **abbracciarlo**: stringerlo tra le braccia □ **fratellini**: figli piccoli degli stessi genitori
giovani ≠ vecchi □ **misero** < mettere □ **ecco**: è finalmente venuto □ **aspettato**: atteso □ **spesso**: frequentemente □ **balenato**: apparso □ **sogni**: visioni durante il sonno □ **alba**: inizio del giorno □ **egli**: lui □ **disse** < dire □ **troppa fatica** ...
pianto: perché era già troppo difficile non piangere □ **deposto**: posato □ **sciabola**: arma da taglio □ **sedia**: è un mobile □ <u>**in</u> testa</u> □ **berretto di pelo**: cappello di pelliccia □ **le lagrime**: il pianto □ **tirandosi indietro** ≠ mettendosi in avanti □ **quanto**: come □ **però**: tuttavia □ **pallido**: bianco di viso
alquanto: abbastanza □ **sfinito**: senza più forze □ **si tolse** ≠ si mise; < togliere □ **stanza**: camera □ **che stanco**: com'era stanco, sfinito □ **perfino**: anche ⊘ **sembrava** (che) **fa<u>cesse</u> fatica**: pareva che avesse difficoltà □ **creatura**: figlio mio
prodigio: cosa straordinaria
alto: di statura, ≠ basso

⊘ **da<u>mmelo</u>**: da' + mi + lo □ **non senti che** (fa molto) **caldo?**
ebbe < avere □ **difesa**: per difendersi
addosso: su di sé □ **timore** (il): la paura
glielo: gli + lo ⊘ **strap<u>passero</u> via**: togliessero in modo brusco

« No, no lasciami » rispose evasivo « preferisco di no, tanto, tra poco devo uscire... »

« Devi uscire? Torni dopo due anni e vuoi subito uscire? » fece lei desolata, vedendo subito ricominciare, dopo tanta gioia, l'eterna pena delle madri. « Devi uscire subito? E non mangi qualcosa? »

« Ho già mangiato, mamma » rispose il figlio con un sorriso buono, e si guardava attorno assaporando le amate penombre. « Ci siamo fermati a un'osteria, 10 qualche chilometro da qui... »

« Ah, non sei venuto solo? E chi c'era con te? Un tuo compagno di reggimento? Il figliolo della Mena forse? »

« No, no, era uno incontrato per via. È fuori che aspetta adesso. »

« È lí che aspetta? E perché non l'hai fatto entrare? L'hai lasciato in mezzo alla strada? »

Andò alla finestra e attraverso l'orto, di là del cancelletto di legno, scorse sulla via una figura che 20 camminava su e giú lentamente; era tutta intabarrata e dava sensazione di nero. Allora nell'animo di lei nacque, incomprensibile, in mezzo ai turbini della grandissima gioia, una pena misteriosa ed acuta.

« È meglio di no » rispose lui, reciso. « Per lui sarebbe una seccatura, è un tipo cosí. »

« Ma un bicchiere di vino? glielo possiamo portare, no, un bicchiere di vino? »

« Meglio di no, mamma. È un tipo curioso, è capace di andar sulle furie. »

30 « Ma chi è allora? Perché ti ci sei messo insieme? Che cosa vuole da te? »

rispose < rispondere □ **preferisco di no**

tanto, tra poco: ad ogni modo, in un futuro prossimo □ **devo, devi** < dovere □ **uscire** ≠ entrare □ **vuoi** < volere

fece: disse < fare □ **lei**: la mamma

tanta gioia: accordo dell'aggettivo indefinito

qualcosa: qualche cosa, un po'

sorriso buono: piccolo riso gentile □ **si guardava attorno assaporando**: guardava intorno a sé gustando □ **ci siamo fermati**: abbiamo sostato □ **qualche chilometro**: singolare □ **da**: segna l'origine □ **qui** ≠ là

figliolo: figlio, diminutivo vezzeggiativo □ **la Mena**: uso settentrionale e familiare dell'articolo davanti al nome

via: strada □ **fuori** ≠ dentro

aspetta: attende □ **adesso**: ora, in questo momento

lí: là □ **fatto** < fare

in mezzo alla strada: nella via

orto: dove si coltivano i legumi □ **di là**: dall'altra parte

cancelletto: porta dell'orto □ **legno**: materia dell'albero □ **scorse una figura**: intravide la forma di una persona □ **su e giú**: avanti e indietro □ **intabarrata**: imbacuccata, tutta coperta □ **nacque**: apparve < nascere □ **turbini**: tumulti

acuta: intensa, penetrante

di no □ **reciso**: : netto, brusco □ **sarebbe** < essere

seccatura: fastidio, noia

bicchiere: recipiente che permette di bere □ **possiamo** < potere

andar sulle furie: divenire furioso, arrabbiarsi

ti ci sei messo insieme: gli fai compagnia

vuole < volere

« Bene non lo conosco » disse lui lentamente e assai grave.

« L'ho incontrato durante il viaggio. È venuto con me, ecco. »

Sembrava preferisse altro argomento, sembrava se ne vergognasse. E la mamma, per non contrariarlo, cambiò immediatamente discorso, ma già si spegneva nel suo volto amabile la luce di prima.

« Senti » disse « ti figuri la Marietta quando saprà che sei tornato? Te l'immagini che salti di gioia? È per lei che volevi uscire? ».

Egli sorrise soltanto, sempre con quell'espressione di chi vorrebbe essere lieto eppure non può, per qualche segreto peso.

La mamma non riusciva a capire: perché se ne stava seduto, quasi triste, come il giorno lontano della partenza? Ormai era tornato, una vita nuova davanti, un'infinità di giorni disponibili senza pensieri, tante belle serate insieme, una fila inesauribile che si perdeva di là delle montagne, nelle immensità degli anni futuri. Non piú le notti d'angoscia quando all'orizzonte spuntavano bagliori di fuoco e si poteva pensare che anche lui fosse là in mezzo, disteso immobile a terra, il petto trapassato, tra le sanguinose rovine. Era tornato, finalmente, piú grande, piú bello, e che gioia per la Marietta. Tra poco cominciava la primavera, si sarebbero sposati in chiesa, una domenica mattina, tra suono di campane e fiori. Perché dunque se ne stava smorto e distratto, non rideva di piú, perché non raccontava le battaglie? E il mantello? perché se lo teneva stretto addosso, col caldo che faceva in casa? Forse perché, sotto, l'uniforme era rotta e infangata? Ma con la mamma, come poteva

bene non lo conosco: non lo conosco bene □ **assai**: molto

viaggio: spostamento da un luogo ad un altro, lungo percorso
ecco: le cose sono tali
☑ **sembrava (che) preferisse** □ **argomento**: soggetto del discorso
se ne vergognasse: lo risentisse come una cosa infame □ **cambiò**
discorso: parlò di altro □ **si spegneva**: scompariva < spegnersi
prima ≠ dopo
saprà: imparerà, < sapere
salti di gioia: balzi che esprimono l'allegria

soltanto: solo, solamente □ **sempre**: ancora adesso
vorrebbe < volere □ **lieto**: allegro □ **eppure**: e tuttavia □ **può**
< potere □ **per**: a causa di □ **peso**: qualcosa che pesa sul
cuore □ **se ne stava seduto**: restava cosí sulla sedia

ormai: adesso □ **davanti** ≠ dietro
pensieri: preoccupazioni
serate: sere □ **inesauribile**: senza fine, eterna □ **di là**: al di là
non piú: erano finite
le notti ≠ i giorni □ **angoscia**: paura □ **spuntavano**: si facevano
vedere □ **bagliori**: luci improvvise ☑ **si poteva pensare che lui**
fosse □ **disteso**: allungato □ **il petto trapassato**: il torace
trafitto □ **sanguinose rovine**: edifici distrutti coperti di sangue
primavera: stagione dopo l'inverno □ **si sarebbero sposati in**
chiesa: avrebbero celebrato le nozze nella casa di Dio
domenica: giorno di festa della settimana □ **campane**: suonano
per gli avvenimenti importanti □ **smorto**: molto pallido

se lo teneva stretto addosso: lo teneva su di sé molto vicino al
corpo □ **l'uniforme**: è femminile
rotta: ridotta a pezzi □ **infangata**: coperta di fango (terra e acqua)

vergognarsi di fronte alla mamma? Le pene sembravano
finite, ecco invece subito una nuova inquietudine.

Il dolce viso piegato un po' da una parte, lo fissava
con ansia, attenta a non contrariarlo, a capire subito
tutti i suoi desideri. O era forse ammalato? O
semplicemente sfinito dai troppi strapazzi? Perché non
parlava, perché non la guardava nemmeno?

In realtà il figlio non la guardava, egli pareva anzi
evitasse di incontrare i suoi sguardi come se temesse
10 qualcosa. E intanto i due piccoli fratelli lo contempla-
vano muti, con un curioso imbarazzo.

«Giovanni» mormorò lei non trattenendosi piú. «Sei
qui finalmente, sei qui finalmente! Aspetta adesso che ti
faccio il caffè.»

Si affrettò alla cucina. E Giovanni rimase coi due
fratelli tanto piú giovani di lui. Non si sarebbero
neppure riconosciuti se si fossero incontrati per la
strada, che cambiamento nello spazio di due anni. Ora si
guardavano a vicenda in silenzio, senza trovare le
20 parole, ma ogni tanto sorridevano insieme, tutti e tre,
quasi per un antico patto non dimenticato.

Ed ecco tornare la mamma, ecco il caffè fumante con
una bella fetta di torta. Lui vuotò d'un fiato la tazza,
masticò la torta con fatica. "Perché? Non ti piace piú?
Una volta era la tua passione!" avrebbe voluto doman-
dargli la mamma, ma tacque per non importunarlo.

«Giovanni» gli propose invece «e non vuoi rivedere
la tua camera? C'è il letto nuovo, sai? ho fatto
imbiancare i muri, una lampada nuova, vieni a vedere...
30 ma il mantello, non te lo levi dunque?... non senti che
caldo?»

Il soldato non le rispose ma si alzò dalla sedia

di fronte a: davanti a

piegato: inclinato □ **parte**: lato
ansia: ansietà □ **attenta**: tutta occupata
ammalato: malato
sfinito: stanco □ **strapazzi**: eccessi di fatica
nemmeno: neppure, neanche
anzi: invece, al contrario ⊘ **pareva** (che) **evit<u>asse</u>**: concordanza
temporale ⊘ **come se tem<u>esse</u>**: come se avesse paura di; come
se + congiuntivo imperfetto
muti: senza parlare, senza voce
trattenendosi ≠ lasciando scoppiare la propria gioia

faccio < fare
si affrettò: andò rapidamente □ **cucina**: dove si fa da mangiare
□ **rimase**: restò □ **tanto**: molto □ **non si sarebbero riconosciuti**:
non avrebbero saputo di essere fratelli ⊘ **se si <u>fossero</u>**
incontrati: concordanza temporale □ **spazio**: di tempo
a vicenda: reciprocamente
ogni tanto: ad intervalli
patto: intesa, accordo □ **non dimenticato**: del quale si
ricordavano □ **tornare la mamma**: la mamma che torna
fetta: porzione □ **torta**: è un dolce □ **vuotò** ≠ riempí □ **d'un**
fiato: in un unico sorso □ **fatica**: difficoltà □ **non ti piace**: non
la trovi buona □ **una volta**: nel passato
tacque: restò silenziosa; < tacere; non riflessivo
propose < proporre □ **vuoi** < volere
camera: da letto □ **letto**: mobile sul quale si dorme □ **sai** <
sapere □ **lampada**: per la luce □ **vieni** (< venire) **<u>a</u> vedere**
<u>te</u> lo levi ≠ te lo metti; ti + lo > te lo; **te** è intensivo qua

si alzò: si mise in piedi

movendo alla stanza vicina. I suoi gesti avevano una
specie di pesante lentezza, come s'egli non avesse venti
anni. La mamma era corsa avanti a spalancare le
imposte (ma entrò soltanto una luce grigia, priva di
qualsiasi allegrezza).

« Che bello! » fece lui con fioco entusiasmo, come fu
sulla soglia, alla vista dei mobili nuovi, delle tendine
immacolate, dei muri bianchi, tutto quanto fresco e
pulito. Ma, chinandosi la mamma ad aggiustare la
10 coperta del letto, anch'essa nuova fiammante, egli posò
lo sguardo sulle sue gracili spalle, sguardo di inesprimi-
bile tristezza e che nessuno poteva vedere. Anna e Pietro
infatti stavano dietro di lui, i faccini raggianti, aspettan-
dosi una grande scena di letizia e sorpresa.

Invece niente. « Com'è bello! Grazie, sai? mamma »
ripeté lui, e fu tutto. Muoveva gli occhi con inquietudine, come chi ha desiderio di conchiudere un colloquio
penoso. Ma soprattutto, ogni tanto, guardava, con
evidente preoccupazione, attraverso la finestra, il cancel-
20 letto di legno verde dietro il quale una figura andava su
e giú lentamente.

« Sei contento, Giovanni? sei contento? » chiese lei
impaziente di vederlo felice. « Oh, sí, è proprio bello »
rispose il figlio (ma perché si ostinava a non levarsi il
mantello?) e continuava a sorridere con grandissimo
sforzo.

« Giovanni » supplicò lei. « Che cos'hai? che cos'hai,
Giovanni? Tu mi tieni nascosta una cosa, perché non
vuoi dire? »

30 Egli si morse un labbro, sembrava che qualcosa gli
ingorgasse la gola. « Mamma » rispose dopo un po' con
voce opaca « mamma, adesso io devo andare ».

movendo: andando □ **stanza**: camera

specie: sorta □ **lentezza** ≠ rapidità

☑ **era corsa** < correre; ausiliare essere □ **spalancare**: aprire largamente □ **imposte**: persiane

qualsiasi: qualunque

che bello: com'è bella! □ **fioco** ≠ forte □ **come**: quando

alla vista: quando vide □ **tendine**: stoffe leggere davanti alle finestre □ **tutto quanto**: tutto questo

pulito ≠ sporco □ **chinandosi ad aggiustare**: inclinandosi a rimettere in ordine □ **coperta**: copre il letto □ **nuova fiammante**: nuovissima

nessuno ≠ qualcuno

stavano: erano, si tenevano □ **faccini raggianti**: piccole facce radiose □ **letizia**: gioia

invece: al contrario

muoveva gli occhi: guardava

conchiudere un colloquio penoso: mettere fine a una conversazione dolorosa

chiese: domandò, < chiedere

levarsi: togliersi

sforzo: applicazione intensa

mi tieni nascosta una cosa: mi nascondi qualcosa, non mi dici tutto

morse < mordere □ **un labbro**: la bocca è orlata dalle due labbra ☑ **sembrava che ingorgasse**: pareva che ostruisse □ **un po'** (di tempo) □ **adesso**: ora

«Devi andare? Ma torni subito, no? Vai dalla Marietta, vero? dimmi la verità, vai dalla Marietta?» e cercava di scherzare, pur sentendo la pena.

«Non so, mamma» rispose lui sempre con quel tono contenuto ed amaro; si avviava intanto alla porta, aveva già ripreso il berretto di pelo «non so, ma adesso devo andare, c'è quello là che mi aspetta».

«Ma torni piú tardi? torni? Tra due ore sei qui, vero? Farò venire anche zio Giulio e la zia, figurati che festa
10 anche per loro, cerca di arrivare un po' prima di pranzo...»

«Mamma» ripeté il figlio, come se la scongiurasse di non dire di piú, di tacere, per carità, di non aumentare la pena. «Devo andare, adesso, c'è quello là che mi aspetta, è stato fin troppo paziente.» Poi la fissò con sguardo da cavar l'anima.

Si avvicinò alla porta, i fratellini, ancora festosi, gli si strinsero addosso e Pietro sollevò un lembo del mantello per sapere come il fratello fosse vestito di sotto. «Pietro,
20 Pietro! su, che cosa fai? lascia stare, Pietro!» gridò la mamma, temendo che Giovanni si arrabbiasse.

«No, no!» esclamò pure il soldato, accortosi del gesto del ragazzo. Ma ormai troppo tardi. I due lembi di panno azzurro si erano dischiusi un istante.

«Oh, Giovanni, creatura mia, che cosa ti han fatto?» balbettò la madre, prendendosi il volto tra le mani. «Giovanni, ma questo è sangue!»

«Devo andare, mamma» ripeté lui per la seconda volta, con disperata fermezza. «L'ho già fatto aspettare
30 abbastanza. Ciao Anna, ciao Pietro, addio mamma.»

Era già alla porta. Uscí come portato dal vento. Attraversò l'orto quasi di corsa, aprí il cancelletto, due

dalla Marietta: a casa di Marietta

cercava di □ **scherzare**: esprimersi senza serietà □ **pur**: rafforza il gerundio □ **quel tono**
si avviava a: andava verso □ **intanto**: nello stesso tempo
ripreso < riprendere

tra: entro
zio: fratello del padre o della madre

pranzo: pasto, cena
scongiurasse: pregasse
tacere: stare zitta, ≠ parlare

fin: anche
da: si usa per l'uso, la destinazione □ **cavar l'anima**: fare molta pietà □ **si avvicinò a**: andò verso □ **festosi**: allegri □ **gli si strinsero addosso**: si serrarono contro di lui □ **lembo**: estremità ⊘ **sapere come fosse**: congiuntivo nell'interrogativa indiretta
su!: esclamazione esortativa □ **lascia stare**: smettila
temendo: avendo paura ⊘ **che si arrabbiasse**: che andasse in collera; concordanza temporale □ **pure**: anche ⊘ **accortosi**: dopo essersi reso conto; participio passato assoluto
panno: tessuto di lana □ **dischiusi**: aperti un po'
han: hanno; valore impersonale
balbettò: mormorò □ **volto**: viso, faccia □ **le mani** < la mano
sangue: scorre nelle vene

disperata: senza speranza
abbastanza: sufficientemente □ **ciao**: saluto familiare
uscí ≠ entrò □ **da**: introduce il complemento d'agente
di corsa: correndo

cavalli partirono al galoppo, sotto il cielo grigio, non già verso il paese, no, ma attraverso le praterie, su verso il nord, in direzione delle montagne. Galoppavano, galoppavano.

E allora la mamma finalmente capí, un vuoto immenso, che mai e poi mai dei secoli sarebbero bastati a colmare, si aprí nel suo cuore. Capí la storia del mantello, la tristezza del figlio e soprattutto chi fosse il misterioso individuo che passeggiava su e giú per la
10 strada, in attesa, chi fosse quel sinistro personaggio fin troppo paziente. Cosí misericordioso e paziente da accompagnare Giovanni alla vecchia casa (prima di condurselo via per sempre), affinché potesse salutare la madre; da aspettare parecchi minuti fuori del cancello, in piedi, lui signore del mondo, in mezzo alla polvere, come pezzente affamato.

cavalli: sono animali
paese: villaggio □ **praterie**: prati □ **su**: salendo

vuoto ≠ pieno
mai ≠ sempre □ **secoli**: periodi di cento anni ☑ **sarebbero**
bastati: sarebbero stati sufficienti; futuro nel passato □
colmare: riempire □ **si aprí** ≠ si chiuse ☑ **chi** <u>**fosse**</u>: congiuntivo
nell'interrogativa indiretta □ **passeggiava**: camminava

da: per l'uso, la destinazione

condur<u>selo</u>: condurre + si + lo; portarlo con sé
parecchi ≠ pochi □ **minuti**: maschile □ **in piedi**: *debout*
polvere: minuscoli e impalpabili frammenti di terra
pezzente: mendicante □ **affamato**: ha bisogno di mangiare

Grammaire au fil des nouvelles

Voici, dans l'ordre de leur apparition dans le texte, quelques phrases à compléter et à adapter (ou non) selon les indications données (le premier chiffre renvoie aux pages, les suivants aux lignes de la nouvelle).

Les phrases suivantes concernent toutes la syntaxe du verbe :

La mamma ...... *(sparecchiare,* forme progressive à l'indicatif imparfait, 86 - 3, 4)

Si poteva pensare che lui ...... *(essere)* là. (90 - 22)

Pareva ...... *(evitare)* i suoi sguardi come se ...... *(temere)* qualcosa. (92 - 9, 10)

Non si sarebbero riconosciuti se ...... *(incontrarsi)*. (92 - 18)

Sembrava che qualcosa gli ...... *(ingorgare)* la gola. (94 - 31)

Pietro sollevò il mantello per vedere come il fratello ...... *(essere)* vestito. (96 - 19)

Un vuoto si aprí che dei secoli non ...... *(bastare)* a colmare. (98 - 6)

Era cosí misericordioso da accompagnare Giovanni affinché ...... *(potere)* salutare la madre. (98 - 13).

Remplacer les noms ou les pronoms personnels forts entre parenthèses par les pronoms personnels faibles correspondants :

Togli ...... il mantello *(a te)*. Da' ...... *(il mantello, a me)*. (86 - 25)

Si serrò il mantello per timore che ...... strappassero *(il mantello, a lui)*. (86 - 28)

...... guardava attorno *(a sé)*. (88 - 8)

Sembrava che si ...... vergognasse *(di questo)*. (90 - 5)

Utiliser une des prépositions suivantes : di, da, tra, per, con.

...... poco devo uscire. (88 - 2)

Ci siamo fermati a qualche chilometro ...... qui. (88 - 10)

È meglio ...... no. (88 - 24)

Era sfinito ...... i troppi strappazzi. (92 - 6)

Vai ...... la Marietta. (96 - 2)

Cerca ...... arrivare. (96 - 10)

Lo fissò ...... uno sguardo ...... cavare l'anima. (96 - 15, 16)

Mario Soldati

L'inganno e la certezza

Nato a Torino nel 1906 di vecchia famiglia torinese, Mario Soldati compí gli studi prima nella città natia dove si laureò in lettere nel 1927, poi a Roma, all'Istituto Superiore di Storia dell'arte e dopo alla Columbia University di New York, città dove si recò nel 1929 e rimase fino al 1931. Da quell'anno alternò l'attività letteraria con quella cinematografica e anche televisiva fino al 1960. Realizzò film che sono capolavori di intelligenza drammatica e visuale come *Piccolo mondo antico* (1944), *Malombra* (1946), desunti da romanzi di A. Fogazzaro. Nel campo letterario, oltre agli scritti giovanili d'arte e alla varia collaborazione a quotidiani e riviste, ha pubblicato fra l'altro: *America primo amore* (1935), *La verità sul caso Motta* (1941), *I Racconti* (1957), *A cena col Commendatore* (1950), *Le lettere da Capri* (Premio Strega 1954), *La confessione* (1955), *Le due città* (1964), *La busta arancione* (1966), *I racconti del Maresciallo* (1967), *L'incendio* (1969), *L'attore* (Premio Campiello 1970), *55 novelle per l'inverno* (1970), *Lo smeraldo* (1974), *44 novelle per l'estate* (1979), *La sposa americana* (1977), *L'architetto* (1985).

Nella narrativa di Soldati ci sono quasi sempre due personaggi: il narratore che si esprime in modo quieto e limpido e poi, ad un tratto, l'intervento di un altro, spesso una donna incontrata nel passato e cosí, di continuo, l'autore mette a nudo i propri sentimenti, il piú delle volte sotto forma di confessione, lasciando però quasi sempre al lettore un significato da scoprire.

Nel 1980, per l'insieme della sua opera, è stata conferita a Soldati « La Penna d'oro ».

Il mondo cambiò per me di colore — i mùri della classe, la lavagna, la carta geografica del Piemonte, i neri banchi tutti tagliuzzati, i volti dei miei compagni di seconda elementare che in quel momento stavano ridendo di me, la nera alta cattedra e il Maestro Bòrtoli che rideva anche lui, le finestre sul grande cortile, i radi platani oramai spogli, il cielo grigio di Torino a dicembre — il mondo cambiò per me di colore in quel momento la mattina dell'antivigilia di Natale quando 10 scoprii che Gesú Bambino non esisteva.

Ero alla lavagna. Il Maestro Bòrtoli mi aveva domandato:

« E tu, che cosa hai chiesto per regalo di Natale? »

« Una bicicletta. »

« E come hai fatto a chiederla? »

« Avevo scritto una lettera. »

« E poi, la lettera, a chi l'hai data? »

« A nessuno. »

« Ma no, l'avrai data, anche tu come tutti gli altri, al 20 papà o alla mamma! »

« No, a nessuno. »

« E che cosa ne hai fatto, allora, della lettera? »

« Ieri sera, prima di addormentarmi, l'ho lasciata sul comodino da notte. Stamattina, quando mi sono svegliato, la lettera non c'era più. »

« Va bene. Vuol dire che il papà o la mamma l'hanno presa. »

« Eh, no. »

cambiò di colore: mutò colore; l'uso di **di** è popolare
lavagna: lastra appesa al muro sulla quale si scrive a scuola
tagliuzzati: tagliati dalla punta di un coltello □ **volti**: visi
seconda elementare: 2º anno di scuola elementare □ **stavano ridendo**: forma progressiva □ **cattedra**: scrivania del maestro, l'insegnante delle elementari □ **cortile**: di ricreazione □ **radi**: rari □ **oramai**: in quel momento □ **spogli**: senza foglie □ **grigio**: tra nero e bianco □ **Torino**: capoluogo del Piemonte, nell'Italia settentrionale □ **antivigilia**: il 23 dicembre poiché Natale ricorre il 25 □ **scoprii**: mi resi conto □ **Gesú Bambino**: Natale è la festa della sua nascita e si dice che porta regali (doni) ai bambini □ **Maestro**: la M indica rispetto
chiesto < chiedere; si chiede per ottenere qualcosa, si domanda per una risposta
fatto < fare □ **a chiederla**
scritto < scrivere
data < dare
nessuno ≠ qualcuno

ieri sera: alla fine del giorno precedente □ **prima di**: indica l'anteriorità □ **addormentarmi**: dormire □ **comodino da notte**: piccolo mobile accanto al letto □ **stamattina**: questa mattina □ **svegliato** ≠ addormentato □ **vuol(e)**: volere; apocope
presa < prendere

« Perché no ? »

« Ma perché... perché Gesú Bambino non ha bisogno di nessuno. »

A questo punto i miei compagni, l'intera classe era scoppiata in un urlo di risate. Li rivedo ancora, contro la luce fredda delle finestre sul grande cortile, tutti in piedi, coi loro grembiulini neri, che ridevano sganghera-tamente, si agitavano, gridavano, battevano i piedi sulle predelle e intanto qualcuno ripeteva cantilenando qual-
10 cosa che non capivo. Non capivo niente. Non capivo neppure che ridevano di me. Lo capii dopo un momento, accorgendomi che tutti guardavano me. Ma capii di che cosa si trattava — il ritardo era stato appunto un'istintiva difesa, un non voler capire — solo quando riuscii ad afferrare le parole della cantilena :

« Uh-uh ! Uh-uh ! Crede ancora a Gesubambiiino ! Crede ancora a Gesubambiiino ! »

E che dolore, allora. Un male acuto e profondo, quasi un colpo qui al petto che mi aveva tolto il fiato.

20 Avevo sette anni. Allevato e cresciuto nella spessa bambagia di un'educazione borghese al principio di questo secolo, credevo ancora a Gesú Bambino : scen-deva quella notte sulla terra, entrava in casa nostra e in ciascuna di tutte le altre case, disponeva i regali in bell'ordine intorno al presepio che, sorto anche quello per incanto e cioè costruito miracolosamente ma personalmente da Gesú Bambino nel vano di un basso lucernario, io trovavo la mattina dopo, al mio risveglio fulmineo e cupido, precipitandomi nel corridoio. Sapevo
30 anche, perché l'avevo visto dai miei cuginetti e in altre case, che in ciascuna il presepio era un po' diverso e sorgeva in posti diversi, sapevo perfino che in qualcuna

no ha bisogno di nessuno: l'intervento di qualcuno non gli è necessario

punto: momento

era scoppiata ... risate: si era messa a ridere molto forte

luce: luminosità □ **in piedi**: alzati

grembiulini: gli scolari li mettono per proteggere gli altri vestiti a scuola □ **sgangheratamente**: senza nessun ritegno

predelle: gradini sotto i banchi □ **intanto qualcuno**: nello stesso tempo qualche scolaro □ **cantilenando qualcosa**: cantando in modo monotono qualche cosa □ **capivo**: comprendevo □ **niente**: nulla □ **neppure**: nemmeno □ **accorgendomi**: rendendomi conto □ **me**: insistenza □ **si trattava**: era questione □ **era stato** □ **appunto**: precisamente □ **difesa**: fatto di difendersi □ **un non voler capire**: infinito sostantivato □ **riuscii ad afferrare**: pervenni a capire □ **uh-uh!**: esclamazione di disgusto

Gesubambiiino: la parola perde il suo carattere sacro

acuto: intenso □ **quasi**: pressoché

colpo: urto □ **qui** ≠ là □ **al petto**: nel seno □ **tolto il fiato**: impedito di respirare □ **cresciuto**: educato □ **nella spessa bambagia**: con eccessive cure e riguardi □ **principio** ≠ fine

secolo: periodo di cento anni □ **scendeva**: veniva giú

in casa nostra

ciascuna: ognuna □ **disponeva**: metteva, < disporre

bell'ordine □ **presepio**: rappresentazione della grotta di Betlemme con Gesú bambino e i personaggi che l'adorano □ **sorto per incanto**: apparso per magia □ **vano di un lucernario**: spazio sotto una vetrata □ **al mio risveglio**: nel momento in cui smettevo di dormire □ **fulmineo e cupido**: istantaneo e avido □ **corridoio**: passaggio interno in una casa □ **visto** < vedere □ **dai cuginetti**: a casa dei figli giovani degli zii □ **ciascuna**: ogni casa **sorgeva**: appariva □ **posti**: luoghi □ **perfino**: anche

Gesú Bambino costruiva invece l'albero di Natale e lasciava i regali sotto o appesi ai rami.

Tanta, dunque, era la mia fede e tanto il mio dolore di perderla che, lí per lí, interpretai ottimisticamente quelle risate come un crudele scherzo dei miei compagni, tutti d'accordo contro di me. Finché, vedendo che anche il Maestro continuava a ridere divertito, mi arresi.

Avevo, sempre e molto tranquillamente, pensato che, nella vita, quando uno crede a qualche cosa come
10 credevo io a Gesú Bambino, era *impossibile* che non si trattasse della verità e appunto questo, soltanto questo era il mio dolore. Che mio papà e mia mamma, che i miei nonni, gli zii, i cuginetti, gli amici, tutti quanti fino allora mi avessero ingannato, e che ora i miei compagni e il Maestro ridessero di me, mi rincresceva, certo: ma era niente di fronte al fatto — ah! dunque! è cosí che stanno le cose! — al fatto che, nella vita, fosse possibile l'inganno, un inganno enorme e terribile come questo! Insomma, fu la mia prima delusione: di breve durata,
20 ma la più grave, forse, tra tutte le delusioni che ho provato, da allora fino a oggi, sessantasette anni dopo. Un dubbio totale o, come si direbbe oggi, esistenziale, si insinuò da quel momento nella mia coscienza. È probabile, cominciai a dirmi allora, che non esista nulla, nulla assolutamente se non ciò che vediamo, tocchiamo, possiamo sperimentare.

Ai miei figli non volli, neanche nella più tenera età, procurare un dolore come il mio: non raccontai mai fandonie: e, a qualunque loro domanda, sempre risposi
30 con perfetta sincerità.

Fu dunque il regalo di Gesú Bambino, fino al

invece: al contrario □ **albero**: è una pianta
appesi: sospesi, < appendere □ **rami**: portano le foglie
tant<u>a</u> era la mia fede: tanto grande era la mia credenza;
accordo □ **lí per lí**: sul momento
scherzo: gioco, divertimento
contro <u>di</u> me □ **finché**: fino a quando
mi arresi: mi diedi per vinto; < arrendersi
sempre ≠ mai

☑ **era impossibile che non si tratt<u>asse</u>**: concordanza temporale
appunto: precisamente □ **soltanto**: solamente
mio papà e mia mamma: uso familiare senza l'articolo □ **i miei
nonni**: i genitori dei genitori □ **zii**: fratelli o sorelle dei genitori
□ **tutti quanti**: tutti insieme ☑ **che mi av<u>essero</u> ingannato**
(imbrogliato) □ **mi rincresceva**: mi dispiaceva molto
era niente: (fam.) non era niente □ **di fronte a**: nei confronti di
□ **è cosí che stanno le cose!**: le cose sono in questo modo! ☑
era... che <u>fosse</u> possibile □ **inganno**: fatto di indurre in errore □
delusione ≠ illusione

provato: avuto □ **da**: segna l'origine □ **fino a**: indica il limite
estremo □ **oggi**: tra ieri e domani □ **sessantasette**: 77 □ **dubbio**
≠ certezza
☑ **è probabile che non es<u>ista</u>**: concordanza temporale
tocchiamo: sentiamo con le dita

volli < volere □ **la tenera età**: l'infanzia
mai: in nessuna occasione, ≠ sempre
fandonie: bugie, menzogne □ **qualunque**: qualsiasi □ **loro**:
senza l'articolo dopo l'indefinito □ **risposi** < rispondere

momento in cui credetti in Gesú Bambino, il piú bello di tutti i regali che io abbia mai ricevuto?

Li ripasso rapidamente nella memoria. Non li ricordo tutti. Come potrei? Ma ne trovo uno, uno solo, che ancora, quando ci ripenso, mi commuove. È un regalo che ha segnato la mia vita, e l'ha segnata forse perché, nella sorpresa di riceverlo, mi parve straordinario, quasi miracoloso.

Una ragazza, tanti anni fa, una ragazza di Fiume, giovanissima, bella, strana, fredda e incantevole, mi regalò per Natale un paio di bretelle. Non ricordo bene come erano queste bretelle. So che erano elegantissime, diverse da tutte le altre che avevo posseduto fino allora, e diverse anche da quelle che vedevo nelle botteghe più alla moda. Mi pare di ricordare che ci fosse dell'azzurro. O sono gli occhi azzurri di lei che adesso influenzano la mia memoria?

Per qualche motivo che allora mi sembrò misterioso, ma che adesso mi spiego con la semplice constatazione che ero innamorato di lei anche se credevo di non esserlo, ricordo perfettamente che il regalo delle bretelle fu, per me, una rivelazione. Conoscevo quella ragazza e la frequentavo da parecchi mesi, incontrandomi con lei tutti i giorni: ma fino al momento del regalo delle bretelle avevo sempre pensato che lei non mi volesse bene, non potesse volermi bene per sua natura, per la freddezza stessa del suo originale temperamento. Le bretelle bastarono, invece, a insospettirmi: ma allora, mi dissi, ma allora, forse, mi ama?

Quella ragazza di Fiume è poi diventata mia moglie, è la madre dei miei figli, è la compagna della mia vita. In quasi quarant'anni che siamo insieme, non mi ha mai

☑ **il piú bello che io abbia ricevuto**: congiuntivo dopo il superlativo

li ricordo: li ho tutti in memoria

potrei < potere

mi commuove: mi procura emozione

segnato: marcato

parve < parere

☑ **tanti anni fa**: sono passati ormai molti anni □ **Fiume**: città di Rijeka in Croazia, allora in Italia □ **giovanissima** □ **strana e incantevole**: bizzarra e seducente □ **regalò**: offrí □ **un paio di**: due □ **so**: < sapere

diverse da

botteghe: negozi, dove si vende e si compra la merce

☑ **mi pare di ricordare**: l'infinito si riferisce al soggetto della principale □ **azzurro**: colore del cielo □ **occhi**: organi della vista < occhio □ **adesso**: ora

qualche motivo: qualche + singolare

mi spiego: mi è divenuto chiaro

ero innamorato di lei: l'amavo □ **credevo di non essere**: (cf: 109-15)

conoscevo: avevo fatto la conoscenza di

parecchi: un gran numero di

tutti i giorni: ogni giorno

☑ **avevo pensato che lei non mi volesse bene**: non mi amasse; concordanza temporale □ **per la freddezza ... temperamento**: appunto perché aveva un temperamento freddo

bastarono: furono sufficienti □ **insospettirmi**: farmi pensare, sospettare, che mi volesse bene □ **dissi** < dire □ **forse**: probabilmente □ **mia moglie**: sono suo marito

insieme: marito e moglie

detto una sola volta che mi ama. Quarant'anni di
lavoro, di sacrifici, di devozione coniugale e materna
dovrebbero persuadermi che si tratta di una reticenza
formale, di una riserva mentale cosí consona al suo
carattere libero che sdegna le parole e apprezza solo i
fatti. Ma nessuna di tali ragionevolissime considerazioni
pesa per me quanto il preistorico regalo delle bretelle.
Forse perché sono un letterato e perché, al contrario di
lei, valuto le parole molto piú dei fatti, continuo a
10 dubitare qualche volta del suo affetto. Se voglio la
consolazione di una certezza assoluta, devo ancora
pensare alle bretelle.

E allora? Mah. L'inganno di mia madre forse non era
un inganno. Il dono dell'amore forse esiste.

detto < dire □ **volta**: *fois*

lavoro: attività per guadagnarsi la vita □ **coniugale**: di moglie

dovrebbero < dovere □ **si tratta**: è questione

consona a: in accordo con

sdegna ≠ apprezza

ragionevolissime: molto conformi alla ragione

pesa... quanto: è cosí importante come

letterato: uomo di lettere

valuto le parole molto piú dei fatti: assegno un valore piú grande alle parole che ai fatti □ **dubitare del suo affetto**: sospettare che il suo amore non esista □ **voglio** < volere □ **devo** < dovere

mah: interiezione che indica incertezza, dubbio

dono: regalo

Grammaire au fil des nouvelles

Voici, dans l'ordre de leur apparition dans le texte, quelques phrases à compléter et à adapter (ou non) selon les indications données (le premier chiffre renvoie aux pages, les suivants aux lignes de la nouvelle).

Gesú Bambino disponeva i regali in ...... *(bello)* ordine. (104 - 25)

L'avevo visto ...... i miei cuginetti. (traduction de *chez*, 104 - 30)

...... *(tanto)* era la mia fede. (106 - 3)

Era impossibile che non si ...... *(trattare)* della verità. (concordance des temps, 106 - 11)

È probabile che non ...... *(esistere)* nulla. (concordance des temps, 106, 24)

Ai miei figli io non ...... *(volere)* procurare dolore, non ...... *(raccontare)* mai fandonie e ...... *(rispondere)* alle loro domande. (*passato remoto*, 106 - 27, 29)

Fu il piú bello di tutti i regali che io ...... *(avere)* mai avuto. (concordance des temps, 108, 2)

Una ragazza, tanti anni ......, mi regalò bretelle. (*il y a* temporel, 108 - 9).

Erano diverse ...... tutte le altre. (108 - 13)

Mi pare ...... ricordare. (108 - 15)

Credevo ...... non essere innamorato. (108 - 15)

Quella ragazza è poi diventata ...... moglie, è la madre di ...... figli. (possessifs, 1re personne, 108 - 30, 31)

Valuto le parole molto piú ...... i fatti. (comparatif, 110 - 9)

Marino Moretti

Il mio cane

Nato a Cesenatico in Emilia Romagna, il 18 luglio 1885, Marino Moretti, compiuti gli studi ginnasiali, seguí il padre a Firenze dove frequentò una scuola di recitazione, ma innamoratosi del dialetto toscano, rinunciò all'ambizione di diventare attore per dedicarsi alla letteratura. Trasferitosi a Roma, strinse amicizia con il poeta crepuscolare Sergio Corazzini che esercitò una notevole influenza su di lui. Si affermò come prosatore nel 1916 con il romanzo *Il sole del sabato*. La sua produzione è ricca. Fra le sue poesie citiamo le *Poesie scritte col lapis* (1910) e fra i romanzi e le novelle, oltre i due libri consacrati alla mamma: *Mia madre* (1923) e *Il romanzo della mamma* (1924), scrisse *I puri di cuore* (1923), *La casa del Santo sangue* (1929), *La vedova Fioravanti* (1941), *Il pudore* (1950), *Uomini soli* (1954), *La camera degli sposi* (1958), *Romanzi della mia terra* (1961). Nel 1959 ha ottenuto il Premio Viareggio per *Tutte le novelle*; in questa specie di affresco storico provinciale appare tutto un mondo vivace e colorato che vive, lavora e muore in un grigiore che diviene luminoso e felice tramite la descrizione delle emozioni piú spontanee.

L'arte di Moretti è molto delicata, predilige le figure umili e le dolci intimità di una semplice vita casalinga e contadinesca dipinta con una malinconia e una serietà profonda ma anche con una punta di umorismo sottile. I motivi dominanti dell'arte morettiana sono l'accettazione dignitosa delle avversità della vita e l'esaltazione delle virtú individuali capaci di dare all'uomo la sua dignità. Nel 1968 gli fu conferita «La Penna d'oro» per l'insieme della sua opera. Morí nel 1976.

Un giorno dunque l'ottimo dei miei amici osservò rude, che, se io mi prendevo cura di un gatto e persino di una tartaruga, avevo dimenticato il re degli animali domestici : il cane.

Io ero in pieno periodo di sincero amore per le bestie innocenti, io le stavo a poco a poco scoprendo. E fu cosí che io spiai nel mio giardino fin le mosse dei rospi, delle lumache, dei calabroni, dei passeri e, come già dissi, divenni l'intimo amico di una tartaruga e soprattutto di 10 un gatto di nome Tigrino. Ed era cosí la volta del cane. Poi che avevo pienamente accettato il giudizio di quelli che lodano il cane, non restava che sceglier la razza. Qualcuno dice : « A te occorre senz'altro un cane lupo. » Io non sapevo, in verità, perché fosse cosí conveniente un cane lupo. Io avrei anzi preferito, per cominciare, qualcosa di meno impegnativo. Alle mie obiezioni fu cosí risposto. « Tu non vuoi un cane, vuoi un gingillo. Ricordati che, se sei un poeta, non sei una signora. »

Accettai il dono che, come tutti i doni che si 20 rispettano, doveva venire di fuori e di lontano e per ferrovia, in una cassetta con manici e avaro pertugio, per cui il prigioniero che vi si umiliava potesse avere una confusa idea del viaggio se non l'intera convinzione della salvezza.

Il giorno prima dell'arrivo, il mio amico aveva cosí telegrafato : « Parte tuo indirizzo pacco espresso urgente cane lupo nome Turco bestia cinque mesi delicata un poco paurosa segue lettera abbracci. » Seguiva lettera :

ottimo: superlativo di buono

rude: severamente □ **mi prendevo cura**: mi occupavo □ **gatto**: fa miao □ **persino**: anche □ **tartaruga**: vince la lepre in una favola di La Fontaine □ **avevo dimenticato**: non avevo pensato a □ **il cane**: fa bau bau

☑ **le stavo scoprendo**: stavo imparando a conoscerle

spiai: osservai nascosto □ **fin le mosse**: perfino i movimenti □ **rospi, lumache**: sono animali dei giardini □ **calabroni**: grosse vespe □ **passeri**: sono uccelli comuni □ **divenni** < divenire

Tigrino: significa piccola tigre □ **era la volta**: mi toccava adesso divenire l'amico □ **poi che**: poiché □ **giudizio**: opinione **lodano** ≠ criticano □ **sceglier(e) la razza**: decidermi per una specie □ **qualcuno**: una qualche persona □ **dice** < dire □ **occorre**: senz'altro: conviene evidentemente ☑ **perché fosse**: senso finale □ **anzi**: invece

meno impegnativo: che richiede meno attenzioni

risposto < rispondere □ **vuoi** < volere □ **gingillo**: passatempo, giocattolo □ **ricordati**: abbi in mente

che si rispettano: che meritano il loro nome

fuori: luogo esterno □ **per ferrovia**: col treno

cassetta ... pertugio: piccola cassa con maniglie e piccola apertura ☑ **per cui ... potesse**: attraverso il quale il povero cane che stava rinchiuso e umiliato potesse; congiuntivo nella relativa □ **salvezza**: il fatto di scampare a un pericolo

prima ≠ dopo

parte ... abbracci: parte verso di te una cassa mandata in modo urgente con un cane lupo chiamato Turco, ha 5 mesi, è una bestia delicata che ha un po' paura, ti scrivo più a lungo, baci

« Il lupetto è bellino, ma timido e pauroso quanto mai.
Fino a questo momento è stato vicino alla sua mamma,
e ai suoi fratellini. Quindi esser solo, viaggiare, essere un
po' maltrattato da agenti e facchini, tutto ciò lo rende
già triste, lo sconcerta. Bisogna che, appena arrivato, lo
si lasci un pochino solo, all'aria aperta. Gli si dia da
mangiare pane e latte. Raccomando, niente carne, ma,
nel pastone, abbondanti legumi, come carote gialle,
fagiolini, una spruzzatina di spinaci tritati, un'altra
10 spruzzatina di cicoria cruda. Raccomando, per i primi
giorni almeno, non sgridarlo per niente. Si chiama Turco
e quello che lo ha venduto prega di non cambiargli il
nome. »

Tutto era detto cosí bene e con un'arte che non
escludeva ma avvalorava la commozione e quasi la pietà
per un cagnoletto strappato all'intimità della famiglia,
che io mi sentii sul momento avvilito di non saper
scrivere cosí. Giunse la cassetta : il cuore mi batteva
perché mi pareva ci fosse lí dentro un morticino, e
20 perché anche pensavo a quella madre e a quei fratellini
rimasti a Roma, in via del Vantaggio. Quando tirai fuori
una cosa molle, calda ma senza palpito, quasi inerte,
allora mi venne fatto di trattenere il respiro come
quando si teme di assistere a una sciagura e non varrà il
nostro sciocco ottimismo a scongiurarla. Che fare ? Che
fare ?

Ed ecco la *cosa* si rizza di colpo, scivola dalla mano
che la blandisce, si lancia verso la porta di casa,
scompare. Ho anche l'impressione di un ringhio, come
30 primo saluto, e insieme, rapido addio... Inforco la
bicicletta, pedalo dietro il fuggitivo, lo raggiungo, ma
come scendo di bicicletta per tentar di acciuffarlo, quello

bellino: abbastanza bello □ **pauroso quanto mai**: molto pauroso
vicino a: accanto a □ **fratellini**: piccoli nati dagli stessi genitori
quindi: dunque □ **viaggiare**: cambiare luogo
facchini: portano i bagagli
sconcerta: turba ☒ **bisogna che lo si lasci, che le si dia**: è
necessario lasciarlo, dargli; si impersonale □ **un pochino**: per
un po' di tempo □ **all'aria aperta**: fuori dalla cassa □ **latte**:
dato dalla vacca □ **niente carne**: nessun alimento che viene
dagli animali uccisi □ **pastone**: cibo per i cani □ **carote,
fagiolini, spinaci, cicoria**: sono legumi □ **spruzzatina**: un po' □
tritati: passati □ (di) **non sgridarlo per niente**: non rimprove-
rarlo per nulla □ **cambiargli il nome**: dargli un altro nome

detto < dire □ **un'arte**: è femminile
avvalorava: giustificava □ **quasi**: pressoché □ **pietà**: compas-
sione □ **cagnoletto**: cane piccolo □ **strappato**: portato via
improvvisamente □ **avvilito**: umiliato
giunse: arrivò, < giungere
☒ **mi pareva** (che) **ci fosse**: concordanza temporale □ **lí**: là □
morticino: piccolo morto
rimasti: restati, < rimanere □ **del Vantaggio**: piú benefica;
forse nome simbolico □ **calda** ≠ fredda □ **palpito**: battito del
cuore □ **venne fatto**: mi accadde senza volerlo □ **trattenere il
respiro**: non respirare □ **si teme**: si ha paura □ **sciagura**:
disgrazia □ **varrà**: sarà sufficiente < valere □ **sciocco**: stupido
□ **scongiurarla**: evitarla
ecco: in modo subitaneo □ **si rizza ... scivola**: si alza
all'improvviso, sfugge □ **blandisce**: accarezza
scompare ≠ appare □ **ringhio**: rumore che fa il cane irritato
inforco: salgo velocemente su
raggiungo: arrivo al suo livello
scendo ≠ salgo □ **acciuffarlo**: prenderlo

accelera e... non c'è piú. Allora, la volata: su per la
strada che conduce al bacino, alle dune, all'impraticabilità, alla sconfitta. Passano due bambinucci scalzi che
han raccolto gusci di telline alla spiaggia: a questi dico il
mio dolore, la mia vergogna; do i connotati, e torno in
paese.

Ora che si decide? C'è chi suggerisce una battuta in
piena regola e chi la denuncia ai carabinieri; ma io esito,
io scarto il consiglio, perché, francamente, aver a che
10 fare coi carabinieri non è mai stato il mio forte.

Sudato, affannato, io vado a chiudermi in casa; ed è
qui, nel mio studio, che mi raggiungono i due ragazzetti
scalzi, cercatori di gusci vuoti alla spiaggia, uno dei quali
reca sulle braccia il fuggitivo domato e legato, legato
con una corda cosí grossa che servirebbe meglio, a
prima vista, per un bue da condursi al macello.

Mezz'ora dopo il mio cane dorme ai miei piedi.

Cominciò, non già un'esperienza interessante, ma
addirittura una nuova vita.

20 L'irrequietezza, la gioia, il tormento, il romanticismo,
la prepotenza di un cane che si chiama banalmente
Turco mettevano in subbuglio un'ordinata silenziosis-
sima casa dove non si sarebbe sentito volare una mosca,
dove si sentiva di quando in quando scricchiolare un
pennino.

Tutto veniva ridotto in brandelli: le carte del poeta,
sparse sul pavimento, ridotte anch'esse a brandelli,
qualche volta persino assaggiate. Questo modo di
gustare la poesia non era diverso gran fatto dal modo di
30 gustare i guinzagli: ora mi sovviene che quella creatura
tumultuosa ne divorò in un mese fino a cinque.

Ma ciò che sinceramente mi addolorava era che il

non c'è piú: è scomparso □ **volata**: corsa velocissima □ **su per**: salendo □ **bacino**: porto □ **impraticabilità**: luoghi impraticabili **sconfitta** ≠ vittoria □ **bambinucci scalzi**: bambini piccoli senza scarpe □ **raccolto ... spiaggia**: preso conchiglie lungo il mare **vergogna**: *honte* □ **do** < dare □ **i connotati**: nome e indirizzo **paese**: villaggio

ora: attualmente □ **suggerisce una battuta**: consiglia una ricerca organizzata □ **denuncia**: comunicazione □ **carabinieri**: sono incaricati di far rispettare la legge □ **scarto**: rifiuto □ **aver a che fare**: avere da fare □ **è stato**: passato prossimo di essere **sudato, affannato**: bagnato di sudore, col soffio corto ☒ **vado** (< andare) a chiudermi in casa □ **qui**: in questo luogo □ **studio**: stanza in cui si studia, si scrive □ **vuoti** ≠ pieni **reca**: porta □ **le braccia** (del corpo) < il braccio □ **domato e legato**: addomesticato e attaccato □ **meglio**: comparativo di bene □ **bue**: non è piú un toro □ **da condursi**: che si deve condurre □ **macello**: dove si ammazzano le bestie per la carne □ **mezz'ora**: trenta minuti □ **già**: certo

addirittura: senz'altro, precisamente

irrequietezza ≠ quiete, calma

prepotenza: abuso di potere

subbuglio: confusione

mosca: insetto che fa poco rumore volando

di quando in quando: di tanto in tanto □ **scricchiolare**: suono secco □ **pennino**: serve a scrivere con l'inchiostro

veniva ridotto in brandelli: era fatto a pezzi, rovinato □ **carte del poeta**: poesie □ **sparse sul pavimento**: in disordine per terra **persino**: anche □ **assaggiate**: morsicate □ **modo**: maniera **gran fatto**: molto

guinzaglio: striscia di cuoio infilata al collare □ **ora sovviene**: mi torna in mente □ **tumultuosa**: turbolenta □ **fino a**: almeno **addolorava**: procurava dolore, affliggeva

nuovo arrivato mettesse in condizioni difficili gli altri ospiti taciturni a me cari. La tartaruga scomparve. Il gatto restava sui tetti o in giardino o, nei momenti di piú alta e varia curiosità, si bilanciava su un ramo del fico : a stare in guardia, a vedere che succede.

Ora avevo l'impressione che Turco, con tutto il bene che mi voleva, finisse col cacciar di casa anche me. La casa era sua, tutto era suo, io ero suo e non già — come tanto mi piace — di me stesso. E non c'era che da
10 pensare al miglior modo di difendersi dalla prorompente amicizia del tradizionale amico dell'uomo.

Ora mi direte che, se avessi avuto pazienza, se avessi lasciato passare quel periodo di turbolenza infantile, se dal cucciolo insomma avessi visto nascere il cane, anche lo stile di Turco avrebbe potuto non difficilmente adeguarsi al mio stile. Ma io non avevo tempo da perdere, e mandai Turco in dono a quello dei miei conoscenti che voleva esser compreso in tutto e per tutto e sviscerartamente amato. E fu la mattina in cui il gatto
20 Tigrino aprí delicatamente la porta rimasta socchiusa e rientrò nel mio studio senza nemmeno darmi il buon giorno.

☑ **mett*ess*e**: concordanza temporale

ospiti: animali della casa □ **cari**: che amavo □ **scomparve** ≠ apparve, < scomparire □ **tetti**: coprono le case

si bilanciava: stava in equilibrio □ **ramo**: braccio dell'albero

fico: è un albero □ **stare in guardia**: sorvegliare □ **succede**: avviene, accade □ **il bene che mi voleva**: l'amore che aveva per me ☑ (avevo l'impressione che) **fin*ss*e col cacciare**: arrivasse al punto di far partire; concordanza temporale e infinito sostantivato □ **già**: certo □ **non c'era d̲a̲ pensare**: non era possibile pensare □ **miglior(e)**: piú buono □ **prorompente**: esuberante

☑ **se a̲v̲e̲s̲s̲i̲ a̲v̲u̲t̲o̲ ... avrebbe potuto**: concordanza temporale

turbolenza: agitazione

cucciolo: cane giovane □ **visto**: veduto, < vedere □ **nascere**: apparire

adeguarsi: conformarsi, adattarsi □ **da**: indica l'uso, la destinazione □ **mandai Turco in dono**: donai Turco

conoscenti: persone conosciute, note □ **compreso**: capito, < comprendere □ **svisceratamente**: eccessivamente □ **i̲n̲ c̲u̲i̲**: nella quale □ **rimasta**: restata, < rimanere □ **socchiusa**: non chiusa completamente, accostata □ **nemmeno**: neppure, neanche □ **darmi il buon giorno**: salutarmi

Grammaire au fil des nouvelles

Voici, dans l'ordre de leur apparition dans le texte, quelques phrases à compléter et à adapter (ou non) selon les indications données (le premier chiffre renvoie aux pages, les suivants aux lignes de la nouvelle).

A te ...... **un cane lupo.** (traduction de « il faut », 114 - 13)

Io non sapevo perché ...... *(essere)* **cosí conveniente un cane lupo.** (interrogative indirecte, 114 - 14)

È stato vicino a ...... **mamma e a** ...... **fratellini.** (possessifs de la 3ᵉ personne, 116 - 2, 3)

Bisogna che ...... (traduction de « on le ») ...... *(lasciare)* **solo e che** ...... (traduction de « on lui ») ...... *(dare)* **da mangiare.** (*on*, concordance des temps, 116 - 5, 6)

Mi pareva che ...... **lí dentro un morticino.** (traduction de « il y a », concordance des temps, 116 - 19)

Pensavo a ...... **madre e a** ...... **fratellini.** (*quello,* 116 - 20)

Il nostro ottimismo non ...... (futur de valeur) **a scongiurarlo.** (116 - 24)

Io lo ...... *(raggiungere)* **sulla strada che** ...... *(condurre)* **al bacino.** (indicatif présent, 116 - 31, 118 - 2)

Io ...... *(dare)* **i miei connotati e** ...... *(andare)* ...... **chiudermi** ...... **casa.** (indicatif présent, prépositions, 118 - 5, 11).

Avevo l'impressione che Turco ...... *(finire)* **col cacciar di casa anche me.** (concordance des temps, 120 - 6)

Non c'era ...... **pensare al modo** ...... **difendersi** ...... **la prorompente amicizia** ...... **il tradizionale amico** ...... **l'uomo.** (*da* et *di,* 120 - 9, 10, 11)

Se io ...... *(lasciare)* **passare quel periodo, il suo stile avrebbe potuto adeguarsi al mio.** (concordance des temps, 120 - 13, 16)

Fu la mattina ...... **il gatto aprí la porta.** (relatif, 120 - 19)

Ercole Patti

Uomo di sostanza

Nato a Catania in Sicilia nel 1904, Ercole Patti fu giornalista e scrittore. Il giornalismo ha molto influenzato il suo stile, infatti le sue opere narrative hanno spesso il taglio e la durata dei racconti di terza pagina che fu, per tanto tempo, la pagina letteraria dei giornali. Fra altre opere scrisse *Il punto debole** (1953) che raccoglie novelle già pubblicate sulla *Stampa*, *Giovannino* (1954) in cui si rintraccia una formazione affine a quella di Brancati, *Un amore a Roma* (1956), *La cugina* (1965), lungo racconto a carica erotica, *Un bellissimo novembre* (1967), *Graziella* (1970), *Diario siciliano* (1971). Dipinse gli amori adolescenti ma prese anche spesso in esame tipi umani abbastanza frequenti nella società siciliana. Tramite il ritratto dei protagonisti fa quello della società e può essere definito scrittore di costume; la sua satira è talvolta acuta e crudele, talvolta penetrata di malinconia e di comprensione. Visse a lungo a Roma e morí nel 1979.

Margherito verso il 1922 era uno dei maffiosi piú conosciuti della città. Magro, asciutto, di poche parole egli incarnava il perfetto tipo del cosidetto «uomo di sostanza» molto in voga a quei tempi. Il suo viso scarno dagli zigomi molto pronunciati, le sue piccole basette brune incutevano terrore e rispetto a tutti.

Le redini della malavita locale erano nelle sue mani e se, per esempio, un suo protetto veniva derubato, Margherito, nel giro di ventiquattro ore, era in grado di 10 fargli riavere l'oggetto rubato, orologio, portafogli o argenteria che fosse, battendo in ciò di parecchie lunghezze il Regio Questore.

La sua fama di uomo di sostanza era tale che assai di rado, anzi mai, gli era necessario venire alle mani. Bastava la sua sola presenza. Egli agiva soltanto con l'enorme prestigio che si sprigionava dalla sua persona. Si raccontavano di lui risse spaventevoli, accadute in tempi trascorsi; risse che si erano protratte per delle mezz'ore intere con quaranta o cinquanta revolverate, 20 accoltellamenti sensazionali. Soltanto un pazzo avrebbe potuto pensare di misurarsi con lui.

Lo si vedeva alla Birreria in certi languidi pomeriggi d'estate seduto a prendere il caffè. A guardarlo di sfuggita sembrava un omino qualsiasi, un essere insignificante, magro e gracile. Ma osservandolo meglio non si poteva fare a meno di notare che il lampo dei suoi occhi giallastri, occhi inquieti di ladro, aveva qualcosa che usciva fuori del normale.

il 1922: uso dell'articolo □ **maffiosi**: mafiosi, che appartengono alla mafia □ **conosciuti**: noti, < conoscere □ **asciutto**: secco □ **di poche parole**: che parlava poco □ **cosidetto**: chiamato in questo modo □ **«uomo di sostanza»**: uomo ascoltato, che conta □ **viso scarno**: faccia magra □ **da**: per la caratteristica □ **zigomi**: ossi delle guance □ **basette**: favoriti □ **incutevano**: suscitavano □ **redini**: servono per guidare □ **la malavita**: i delinquenti □ **le mani**: hanno 5 dita < la mano □ **un ... veniva derubato**: era preso qualcosa a uno che proteggeva; **veniva**: era □ **nel giro di**: entro □ **in grado**: capace □ **rubato**: preso □ **orologio ... che fosse**: che fosse un orologio, un portafoglio o dell'argenteria □ **battendo ... lunghezze**: arrivando molto prima di □ **Regio**: del Re □ **Questore**: capo della pubblica sicurezza della provincia □ **fama**: riputazione □ **assai di rado**: molto raramente □ **anzi**: piuttosto □ **mai** ≠ sempre □ **bastava**: era sufficiente □ **soltanto**: solamente □ **si sprigionava**: emanava **spaventevoli**: terribili □ **accadute**: avvenute

trascorsi: passati □ **protratte**: prolungate, < protrarre □ **per**: indica la durata □ **revolverate, accoltellamenti**: colpi di pistola e di coltello □ **pazzo**: ha perso la ragione □ **avrebbe potuto pensare di misurarsi**

lo si vedeva: si impersonale □ **birreria**: dove si vende birra □ **pomeriggio**: dopo mezzogiorno fino alla sera □ **di sfuggita**: rapidamente □ **omino**: uomo piccolo □ **qualsiasi**: qualunque **si**: valore impersonale

fare a meno: astenersi □ **lampo**: luce viva □ **giallastri**: che tendono al giallo □ **ladro**: quello che ruba □ **qualcosa**: qualche cosa □ **usciva fuori del normale**: non era normale

Quello che maggiormente faceva spavento in lui era la
sua voce o meglio il tono col quale pronunciava le
parole. Un tono lento, pacato, addirittura mellifluo che,
appunto per la sua intonazione dimessa e quasi
implorante, pensando chi era che stava pronunciando
quelle frasi, faceva tremare le vene. Egli per abitudine
non comandava mai, non ingiungeva mai nulla. Pregava
soltanto quando voleva qualcosa. Pregava umilmente.
Ma quali riposte, terrificanti minacce in quelle umili
10 preghiere.

Nei suoi rapporti coi signorini di buona famiglia era
bonario, paterno, misuratissimo nei gesti. Era arrivato
ad una tale sintesi di parole e di gesti che quasi non si
moveva piú, aveva raggiunto la totale immobilità, la
perfezione assoluta. Da questa sua eccezionale economia
di parole e di movimenti il suo prestigio ne usciva
sempre piú rafforzato.

Scoppiava, poniamo, un litigio in una bisca. Balenavano qua e là nella sala fumosa coltelli e pistole; tavoli e
20 divani venivano sollevati e schiantati da energumeni
inferociti. Arrivava Margherito tranquillissimo, con le
mani in tasca, si faceva avanti nella sala fra i rottami dei
mobili e i denari sparsi sul pavimento e con un tono
dimesso, quasi amichevole, rivolto al piú indemoniato,
chiedeva « Che c'è? » oppure: « C'è cosa? » Bastava
quella piccola frase perché l'ordine si ristabilisse e i piú
feroci massacratori, impauriti, si acquetassero di colpo
mordendo il freno.

Margherito viveva benissimo ricevendo sovvenzioni e
30 percentuali da varie parti. I tenutari di bische gli
corrispondevano delle somme saltuarie per tenerselo
amico e per essere lasciati tranquilli. Ma una sera, a

spavento: grande paura

voce: suoni che escono dalla bocca

pacato: tranquillo □ **addirittura**: nientedimeno □ **mellifluo**: dolce □ **appunto**: precisamente □ **dimessa**: umile □ **quasi**: pressoché □ <u>**stava pronunciando**</u>: forma progressiva

faceva tremare le vene: agitava tutto il corpo dalla paura

ingiungeva: imponeva □ **nulla**: niente □ **pregava**: chiedeva in modo cortese

riposte: nascoste, segrete, < riporre

preghiere: richieste di favore

signorini: figli di signori

bonario: affabile □ <u>**misuratissimo**</u>

sintesi (f., inv.): concisione □ **non si moveva**: stava fermo

aveva raggiunto: era arrivato a

ne usciva sempre piú rafforzato: risultava ad ogni momento piú forte □ **scoppiava**: nasceva □ **poniamo**: ammettiamo □ **litigio in una bisca**: disputa nel locale dove si gioca d'azzardo □ **balenavano**: brillavano □ **tavoli**: mobili sui quali si gioca

schiantati: rotti, distrutti

inferociti: resi feroci

<u>in</u> **tasca**: *dans les poches* □ **si faceva avanti**: veniva avanti □ **rottami**: frammenti □ **denari**: soldi □ **sparsi sul pavimento**: disseminati per terra; < spargere □ **amichevole**: da amico □ **rivolto al**: girato verso il □ **indemoniato**: furioso □ **chiedeva**: domandava □ **oppure**: ossia ⊘ **perché si ristabilisse**: perché finale + congiuntivo □ **impauriti**: in preda alla paura □ **si acquetassero di colpo**: diventassero calmi immediatamente □ **mordendo il freno**: trattenendosi □ **sovvenzioni**: soldi

percentuali: interessi □ **tenutari**: proprietari

corrispondevano: davano □ **saltuarie**: versate irregolarmente □ **tenerselo amico**: serbare buone relazioni con lui

causa di un malinteso, Margherito subí per la prima
volta, uno scacco. Un grave scacco che finí per
perderlo.

In un locale cittadino, un circolo di avvocati, si
giocava alla roulette e al baccarat. Avvocati, baroni,
proprietari venuti dalla provincia frequentavano tutte le
sere il locale. Margherito di tanto in tanto mandava un
suo emissario a ritirare delle somme che non gli
venivano mai negate. Ma un giorno quelli del circolo
10 che, in quei giorni aveva cambiato amministrazione,
rimandarono indietro il sicario di Margherito dicendogli
che non intendevano piú sborsare denaro.

La cosa parve inaudita a Margherito il quale fece
annunziare che si sarebbe recato lui in persona a ritirare
la somma richiesta. Fece sapere anche l'ora in cui
sarebbe arrivato. Le undici di sera. Alle undici in punto
infatti Margherito arrivò sotto il portone.

Era una bella sera d'estate, la gente indugiava sui
marciapiedi di lava scura e lucida. Giungeva da piazza
20 Bellini, a tratti, il grido straziante dei venditori notturni
di more che giravano a piedi scalzi recando un paniere
ricoperto di foglie di gelso sotto il braccio. I soci del
Circolo Giuridico stavano ancora a prendere il fresco
sulle sedie di vimini sparse sul marciapiedi.

Margherito cominciò a salire piano piano le scale. Gli
inservienti erano pallidi come cenci. Tutto il Circolo era
sotto l'incubo di Margherito i cui passi risuonavano
nelle scale. Egli saliva lentissimamente con la sua solita
aria tranquilla e dimessa. Sul pianerottolo si fermò ad
30 accendere il sigaro, poi riprese a salire piú lentamente.

Ad attenderlo in cima alle scale stava un signore sulla
cinquantina, calvo, dall'aspetto serio e niente affatto

malinteso: equivoco
scacco ≠ riuscita

circolo: luogo di riunione
roulette, baccarat: giochi d'azzardo praticati in una bisca o in un casinò □ **da**: per l'origine
di tanto in tanto: di tempo in tempo □ **mandava**: inviava

venivano: erano □ **negate**: rifiutate □ **quelli**: pronome, ma **quei** giorni (agg.) □ **aveva cambiato amministrazione**: non aveva piú la stessa direzione □ **rimandarono indietro**: rinviarono □ **sicario**: uomo di mano □ **sborsare denaro**: pagare
parve < parere □ **inaudita**: molto nuova □ **fece** < fare
☑ **che si sarebbe recato**: che sarebbe venuto; futuro nel passato
richiesta: voluta □ **in cui**: alla qualle
le (ore) **undici** □ **in punto**: precise
portone: grande porta □ **estate**: stagione calda □ **la gente**: f.
indugiava: rimaneva a lungo □ **marciapiedi**: *trottoirs* □ **lava** ...
lucida: pietra di lava oscura e brillante □ **giungeva**: arrivava
Bellini: musicista catanese □ **a tratti**: a intervalli □ **strazziante**: dolorosissimo □ **mora**: frutto del morogelso o gelso che è un albero □ **giravano** ... **recando**: che passavano a piedi nudi portando □ **soci**: membri □ **vimini**: rami flessibili di salici
sparse: disseminate □ **salire piano piano** ≠ scendere rapidamente □ **scale**: permettono di salire □ **inservienti**: impiegati
pallidi come cenci: bianchissimi □ **incubo**: pensiero angoscioso
i cui passi: del quale i passi □ **risuonavano**: si facevano sentire
solita: abituale □ **pianerottolo**: spazio piano tra due parti di scale □ **si fermò**: smise di salire □ **accendere** ≠ spegnere
riprese a salire: salí di nuovo □ **in cima a** □ **stava**: c'era
sulla cinquantina: di 50 anni circa □ **calvo**: senza capelli
niente affatto: assolutamente non

provocatorio, un proprietario di vigneti giunto pochi giorni prima dalla provincia. A lui il famoso malandrino si rivolse con uno di quei suoi discorsetti allusivi che, apparentemente insignificanti per i non iniziati, risultano invece a chi ne comprende il vero significato, gravidi delle piú orrende minacce.

Il signore che conosceva poco la terrificante nomea di Margherito, fu secco e reciso e lo invitò ad allontanarsi subito minacciando anche di farlo ruzzolare dalle scale.

10 « Forse vossignoria non mi conosce », disse Margherito sconcertato da quel tono che nessuno aveva mai usato con lui. « Insomma » tagliò corto il proprietario il quale essendo di cattivo umore per certe perdite al gioco non intendeva portare alle lunghe la discussione « via subito di qui! ». Cosí dicendo assestò un paio di schiaffi al maffioso; poi, sollevatolo in aria, lo buttò di peso sulle scale. Lo raggiunse sul pianerottolo e a calci lo fece ruzzolare giú.

La scena era stata rapidissima. Margherito rotolò 20 disordinatamente sui gradini della lunga scala del circolo e in men che non si dica si ritrovò fuori del portone, sul marciapiedi, fra le gambe di un venditore di more, pesto e sbalordito. Quello che era successo era semplicemente inaudito. Rialzatosi in fretta Margherito si dileguò e non fu piú rivisto né al Circolo né altrove.

Evidentemente il signore di provincia, che non era per nulla un tipo dedito alla rissa e aveva poca conoscenza degli uomini di sostanza, non sapeva che razza di uomo tremendo fosse Margherito; altrimenti non avrebbe agito 30 cosí. Comunque era fatta ormai.

Da quel giorno si iniziò il tramonto di Margherito, che fu assai rapido; e non si sentí piú parlare di lui.

vigneti: vigne □ **giunto**: arrivato □ **pochi giorni prima** ≠ dopo

si rivolse: parlò
risultano: sono
gravidi: pieni

nomea: fama
reciso: risoluto, netto
ruzzolare: precipitare rotolando, cadere
vossignoria non mi conosce: vostra signoria, indica molto riguardo; 3a persona di cortesia □ **sconcertato**: turbato □ **usato**: adoperato □ **insomma**: segna l'impazienza □ **tagliò corto**: interruppe □ **cattivo** ≠ buono □ **perdite**: soldi persi □ **non intendeva** ≠ aveva l'intenzione di □ **portare alle lunghe**: far durare a lungo □ **via**: intimazione a partire □ **assestò** ... **schiaffi**: diede due colpi col palmo della mano sul viso ⊠ **sollevatolo in aria**: participio passato assoluto □ **buttò di peso**: gettò sollevandolo □ **lo raggiunse**: arrivò accanto a lui □ **calci**: colpi dati col piede, pedate □ **rotolò**: ruzzolò
gradini: la scala è fatta di gradini
in men che non si dica: in un tempo piú breve di quello necessario per dirlo □ **pesto**: battuto, contuso
sbalordito: stordito □ **successo**: avvenuto, accaduto
inaudito: incredibile ⊠ **rialzatosi**: participio passato assoluto □ **in fretta si dileguò**: rapidamente scomparve □ **rivisto** < rivedere □ **altrove**: in un qualunque altro luogo
dedito alla rissa: di temperamento battagliero □ **poca conoscenza** ⊠ **non sapeva che razza d'uomo fosse**: interrogativa indiretta □ **tremendo**: terribile
comunque era fatta ormai: in ogni modo la cosa era fatta adesso □ **iniziò**: cominciò □ **tramonto**: declino
assai: molto

Grammaire au fil des nouvelles

Voici, dans l'ordre de leur apparition dans le texte, quelques phrases à compléter et à adapter (ou non) selon les indications données (le premier chiffre renvoie aux pages, les suivants aux lignes de la nouvelle).

Margherito verso ...... 1922 era uno dei maffiosi ...... piú conosciuti della città. (date, superlatif relatif, 124 - 1)

Era di ...... *(poco)* **parole.** (124 - 2)

...... (traduction de « on le ») **vedeva alla Birreria.** (124 - 22)

Arriva Margherito ...... le mani ...... tasca. (prépositions, 126 - 21, 22)

Bastava qualche frase perché l'ordine ...... *(ristabilirsi)* **e i piú feroci ......** *(acquetarsi).* (*perché* final, 126 - 26)

Un giorno ...... del Circolo che in ...... giorni aveva cambiato amministrazione, rimandarono indietro il sicario. (*quello* pronom et adjectif, 128 - 9, 10)

Fece annunziare che ...... *(recarsi)* **lui in persona a ritirare la somma e ......** *(arrivare)* **alle undici.** (futur dans le passé, 128 - 14, 16)

Il circolo era sotto l'incubo di Margherito i ...... passi risuonavano. (« dont » + nom, 128 - 27).

Ad attenderlo c'era un signore ...... l'aspetto serio. (préposition pour le détail caractéristique, 128 - 32)

...... *(sollevarlo)* **in aria, lo buttò di peso sulle scale.** (participe passé absolu, 130 - 16)

...... *(rialzarsi)* **in fretta Margherito si dileguò.** (participe passé absolu, 130 - 24)

Il signore non sapeva che razza d'uomo ...... *(essere)* **Margherito.** (concordance des temps, 130 - 29)

Alberto Moravia

Le lettere anonime

Alberto Moravia (il suo vero nome è Alberto Pincherle), nacque a Roma il 28 novembre 1907 di famiglia borghese. Nel 1916 contrasse una tubercolosi ossea che lo costrinse ad interrompere gli studi regolari ma favorí la sua formazione letteraria : costretto all'immobilità per cinque anni, piú tre di convalescenza, lesse molto e si mise ben presto a scrivere. Nel 1929, il suo primo romanzo, *Gli indifferenti* conobbe un gran successo ma fece anche scandalo per la crudezza realistica della descrizione della borghesia che veniva fatta. Numerosissimi altri libri seguirono, fra i quali ricorderemo : *Le ambizioni sbagliate* (1935), *La mascherata* (1941), *Agostino* (1944), *La romana* (1947), *La disubbidienza* (1948), *L'amore coniugale* (1949), *Il conformista* (1951), *I racconti* (Premio Strega 1952), *I racconti romani* (1954), *Il disprezzo* (1954), *La ciociara* (1957), *Nuovi racconti romani* (1959), *La noia* (Premio Viareggio 1960), *Io e lui* (1971), *La vita interiore* (1978), *1934* (1982). Nel 1986 gli fu conseguita « La penna d'oro » per l'insieme della sua opera.

I temi maggiori della narrativa moraviana sono : l'indifferenza, la noia, la disubbidienza, il conformismo. Ha voluto fare un ritratto naturalistico della società moderna tramite personaggi mediocri, spinti da istinti elementari in un mondo dominato dall'aggressività e dal sesso e descritti con un volontario distacco nel quale si può scorgere tuttavia un senso di indulgenza e di compatimento per le debolezze umane.

Moravia ha anche scritto numerosi saggi, racconti di viaggi, riflessioni di tipo politico e ha diretto la rivista letteraria *Nuovi argomenti*. È stato eletto deputato al Parlamento europeo di Strasburgo. Fu anche critico cinematografico e diciannove film sono stati desunti dalla sua opera. Morí a Roma il 26 settembre 1990.

Quell'inverno, trovandomi per ragioni di studio nella piccola città di B., mi legai d'amicizia con certo Torrisi, impiegato al Comune. Abitavamo ambedue presso una vedova che affittava alcune sue camere; e Torrisi tra le stanzette della vedova sospese sulla scalinata precipite di un vicolo e i cameroni affrescati del palazzo comunale passava la sua vita. Era un giovane biondiccio, dal viso bianco e un po' convulso, di tozza persona; e dal fatto che metteva continuamente avanti la propria pochezza, 10 modestia e ignoranza, con un'insistenza quasi boriosa, compresi che era molto orgoglioso: dell'orgoglio, appunto, che preferisce umiliarsi per timore di essere umiliato. A dire il vero, questa sua opinione di se stesso fintamente modesta, rispondeva, purtroppo, alla realtà; e Torrisi che si proclamava ad ogni momento uomo alla buona e di scarsa cultura, non si rendeva conto di quanto egli fosse effettivamente rustico e incolto. Ma sotto questa sua corteccia egli nascondeva un animo complicato servito da un'intelligenza astuta se non 20 sottile.

Dopo il lavoro, stavo sempre con lui e presto diventammo amici. In una città di provincia, dove il traffico e i rapporti umani si restringono ad una strada non piú lunga di un centinaio di passi e in quella strada a un paio di caffè, non è difficile dare nell'occhio. Per questo non mi meravigliai troppo quando ricevei la prima lettera anonima. Sopra un foglietto quadrettato in una bustina che pareva di cencio, ero informato che facevo male a concedere la mia amicizia al signor 30 Torrisi. Trattavasi, infatti, proseguiva la lettera, di persona infida, invidiosa, intrigante, capace di combinare i piú incresciosi pasticci. Stessi attento, ecc. ecc. In luogo

quell'inverno: dimostrativo di lontananza; stagione fredda □
per ... studio: perché ci studiavo □ **mi ... con**: divenni amico di
impiegato al Comune: che lavorava per la città □ **ambedue**:
tutti e due □ **vedova**: il cui marito era morto □ **affittava ...
camere**: per soldi dava alloggio in certe stanze di casa sua □
stanzette ≠ **camero̲ni** □ **sospese** < sospendere □ **scalinata ...
vicolo**: via piccola e ripida fatta di gradini □ **affrescati**: dipinti
di affreschi □ **biondiccio**: quasi biondo □ **da**: caratteristica □
di tozza persona: dal corpo massiccio e poco alto □ **metteva
avanti ... pochezza**: si presentava come una persona di poca
importanza □ **boriosa**: orgogliosa

appunto: precisamente □ **timore (il̲)**: la paura

il vero: la verità ☑ se̲ **stesso**: uso del riflessivo

fintamente: falsamente □ **purtroppo**: sfortunatamente

ogni momento̲: tutti i momenti □ **uomo** ≠ donna □ **alla buona**:
semplice □ **scarsa**: poca ☑ **di quanto egli fo̲sse**: in che misura
lui fosse □ **rustico**: grossolano □ **incolto**: senza cultura

corteccia: aspetto esterno □ **nascondeva un animo**: dissimulava
uno spirito □ **da**: introduce il complemento d'agente □ **astuta**:
che ha astuzia, furberia □ **sottile**: fina

lavoro: occupazione legata al mestiere □ **stavo sempre**: restavo
di continuo

traffico: circolazione □ **si restringono**: si limitano

☑ **piú lunga di̲** □ **centinaio di passi**: cento passi circa

un paio di: due ☑ **non è difficile̲ dare nell'occhio**: è facile farsi
notare □ **mi meravigliai**: mi stupii

foglietto quadrettato: piccola pagina con righe

bustina: contiene la lettera □ **di cencio**: consumata

concedere: dare □ **signor̲ Torrisi**: apocope davanti a un nome

trattavasi: si trattava □ **proseguiva**: continuava

infida ≠ sicura □ **invidiosa**: gelosa

incresciosi pasticci: imbrogli spiacevoli ☑ (che) **stessi attento**

della firma c'era il solito « un amico ». Gettai la lettera e
continuai a frequentare Torrisi. Non passarono che
pochi giorni e mi arrivarono altre due lettere. Si
continuava, in queste missive, a descrivermi in maniera
sfavorevole il carattere di Torrisi, e alla fine mi si
avvertiva che ben presto ne avrei fatto, a mie spese
l'esperienza. Passarono ancora alcuni giorni e una
quarta lettera precisò: Torrisi giocava e perdeva; mi
avrebbe chiesto del denaro, in prestito; non glielo
10 prestassi perché Torrisi era notoriamente uno « scro-
cone ». Notai l'errore di ortografia e aspettai. Quella sera
stessa fu bussato alla mia porta e Torrisi entrò, assai
imbarazzato dicendo che doveva chiedermi un favore.
Non potei fare a meno di esclamare: « Scommetto che
lei vuol chiedermi del denaro in prestito. » Egli parve
molto meravigliato dalla mia frase e negò subito: non di
denaro aveva bisogno, bensí di una cravatta nera da
cerimonia, dovendosi recare ad una festa. Restai sconcertato e pensai che, intimidito, Torrisi avesse rinfode-
20 rato *in extremis* la stoccata. Ma la quinta lettera
anonima fu piú grave: con molti particolari, mi si
informava che Torrisi meditava di rapire Livia, la figlia
diciottenne della vedova che ci teneva a pensione. La
ragazza era d'accordo, continuava la lettera, stordita,
piuttosto che sedotta dalle chiacchiere di Torrisi; ma io
dovevo impedirlo anche perché Torrisi non aveva
intenzioni serie e non avrebbe certamente sposato Livia.
La lettera designava per il rapimento la notte del sette di
novembre e specificava che Torrisi aveva anche un
30 complice: un amico che avrebbe aspettato con la sua
macchina lui e la ragazza all'angolo della cattedrale, e li
avrebbe poi accompagnati alla città vicina. Questa volta

in luogo di firma: al posto del nome dell'autore ☐ **solito**: abituale; le lettere anonime sono sempre firmate cosí
☑ **pochi giorni** ☑ **altre due**
missive: lettere
sfavorevole ≠ favorevole ☑ **mi si avvertiva**: valore impersonale di si ☐ **ben presto**: fra poco tempo ☐ **fatto** < fare ☑ **a mie spese**: a danno mio ☐ **passarono alcuni giorni**: passò qualche giorno ☐ **quarta**: 4a; ordinale ☐ **giocava**: soldi
chiesto: in prestito; < chiedere ☐ **denaro**: soldi ☑ **glielo**: gli + lo ☐ **(che) prestassi**: dessi in prestito ☐ **notoriamente**: in modo conosciuto ☐ **scroccone**: che vive a spese altrui ☐ **aspettai**: attesi ☐ **stessa**: medesima ☐ **fu bussato**: qualcuno batté per farsi aprire; valore impersonale ☐ **favore**: servizio ☐ **fare a meno di**: evitare ☐ **esclamare**: non riflessivo ☐ **scommetto**: giurerei; modo di affermare una cosa come sicura ☑ **lei vuol(e)** < volere; forma di cortesia ☐ **parve** < parere ☐ **non di ... bensí di**: non gli era necessario del denaro ma piuttosto ☐ **da**: destinazione ☐ **dovendosi recare**: dovendo recarsi, poiché doveva andare ☐ **sconcertato**: turbato ☑ **pensai che ... avesse** ☐ **rinfoderato ... stoccata**: immagine della spada rimessa all'ultimo momento nel suo fodero per non essere adoperata ☐ **molti particolari**: molte precisioni ☑ **mi si informava**: si impersonale ☐ **rapire**: portar via con sé ☐ **diciottenne**: di 18 anni ☐ **ci teneva a pensione**: che ci affittava la camera ☐ **stordita dalle chiacchiere**: presa sotto il peso delle parole numerose e bugiarde ☐ **sedotta** < sedurre ☐ **impedirlo** ≠ permetterlo
☑ **non avrebbe sposato**: non sarebbe divenuto il marito di; futuro nel passato ☐ **rapimento**: fatto di rapire ☐ **notte**: ≠ giorno ☐ **sette**: 7 ☐ **specificava**: precisava ☑ **avrebbe aspettato**: condizionale passato per il futuro nel passato ☐ **macchina**: auto ☐ **angolo di**: intersezione di due vie che corrono lungo ☑ **li avrebbe accompagnati**: futuro nel passato

decisi di aprire bene gli occhi: non tanto per impedire il
rapimento che, a dire il vero, mi importava poco,
quanto per chiarire una buona volta chi fosse l'autore
delle lettere. Numerosi errori di ortografia e la scrittura
rustica e svolazzante mi avevano per un momento fatto
sospettare la cameriera; ma mi sbagliavo: la povera
ragazza era analfabeta. Dunque, venne la sera del sette
di novembre, ed eccoci tutti e quattro, la vedova, sua
figlia, Torrisi ed io, seduti alla tavola sparecchiata, nella
10 stanza da pranzo, intenti ad una familiare partita di
carte. Pur giocando, guardavo Livia, dal bruno viso
dolce e tranquillo e mi domandavo che cosa potesse
esserci di vero nella storia del rapimento. Anche Torrisi
era tranquillo, ma la sua tranquillità mi sembrò
eccessiva, quasi ostentata; è vero, però, che in tutti i
suoi atteggiamenti c'era sempre una certa ostentazione
come di cattivo attore. Finita la partita, le due donne ci
salutarono e andarono a coricarsi. Torrisi si trattenne un
poco con me, e poi si ritirò anche lui. Io andai in
20 camera mia e sedetti sul letto, davanti la porta
socchiusa. Passarono due o tre ore senza, che dall'anticamera giungesse altro rumore che quello del grosso
pendolo dallo scatto brutale e infaticabile. Sbadigliavo
stiracchiandomi e abbrutendomi, stavo per addormentarmi quando un cauto rumore di passi mi fece trasalire.
Mi precipitai fuori della stanza e mi imbattei in Torrisi
vestito e col cappello sugli occhi che si dirigeva verso
l'uscio di casa. Mi spiegò che non potendo prender
sonno, aveva pensato di far quattro passi per il Corso,
30 perché non l'accompagnavo? Acconsentii: ed eccoci per
il Corso, buio e deserto a quell'ora, sotto una pioggia
fine. Torrisi pareva distratto e io pensavo al rapimento.

decisi < decidere □ **aprire** ≠ chiudere □ **non tanto ... quanto**: comparazione, paragone; **impedire**: fare ostacolo

chiarire: sapere in modo chiaro ☒ **chi fosse**: congiuntivo nell'interrogativa indiretta

rustica ≠ raffinata □ **svolazzante**: che va in tutte le direzioni

sospettare: pensare che fosse □ **cameriera**: donna di servizio □

mi sbagliavo: sbagliavo, avevo torto □ **venne** < venire

eccoci tutti e quattro: siamo qui noi 4; **ci** è enclitico □ **sua figlia** □ **sparecchiata**: senza piú i piatti sopra

stanza da pranzo: sala da pranzo, dove si mangia □ **intenti**: occupati □ **pur**: pure rafforza il gerundio che segue □ **da**: si usa per la caratteristica ☒ **che cosa potesse**: interrogativa indiretta

ostentata: mostrata intenzionalmente □ **però**: tuttavia

i suoi atteggiamenti: il suo comportamento

di cattivo attore: come uno che recita male forzando i toni ☒ **finita la partita**: participio passato assoluto □ **andarono a coricarsi**: andarono a dormire □ **si trattenne** ≠ si ritirò

socchiusa: non completamente chiusa □ **anticamera**: vestibolo ☒ **senza che giungesse**: senza che venisse

pendolo: orologio □ **scatto**: tic tac □ **sbadigliavo ... abbruttendomi**: aprivo la bocca dalla stanchezza stirando le braccia e rincretinendo ☒ **stavo per addormentarmi**: futuro imminente □ **cauto**: prudente □ **fece** < fare □ **trasalire**: sobbalzare dalla sorpresa □ **mi imbattei in**: urtai □ **cappello**: copricapo

uscio: porta □ **spiegò**: diede la spiegazione seguente □ **prender sonno**: dormire ☒ **aveva pensato di fare** □ **Corso**: via alberata

acconsentii: fui d'accordo

buio: oscuro □ **pioggia**: acqua che cade dal cielo

distratto: disattento

Gli dissi: «Lei in questa città e forse nella stessa casa in cui abita ha un nemico».

«Uno solo?» motteggiò.

«Ma accanito» risposi. E in poche parole gli raccontai delle lettere anonime, e, soprattutto dell'ultima, quella del rapimento.

Eravamo giunti in piazza. Mi sembrò di intravedere, proprio dietro l'angolo della cattedrale in quelle tenebre piovose, la forma nera di un' automobile ferma. Torrisi
10 disse semplicemente: «Quelle lettere, le scrivo io.»

Mi meravigliai non tanto della rivelazione quanto di non averci pensato prima. Sebbene mi sfuggisse il motivo di una condotta tanto singolare. Interrogai: «E perché?»

Egli alzò le spalle: «Cosí, per divertirmi.» La macchina uscí a fari spenti dall'ombra della cattedrale e ci passò lentamente accanto. Torrisi fece con la mano un gesto breve, come per scacciare una mosca, ma avrebbe potuto anche essere un gesto di diniego; e spiegò:
20 «Vede, noi in provincia ci annoiamo...»

Ora la macchina si allontanava, piano, sull'asfalto lustro, tra due file di palazzi in ombra. Mi sembrò che Torrisi le gettasse uno sguardo quasi malinconico e domandai: «Ma quella era la macchina che...»

«Neppure per sogno» rispose Torrisi prontamente, «non so chi fosse... una macchina qualsiasi».

«Tuttavia — insistei — non vedo che cosa ci sia di divertente nell'accusarsi di difetti e di delitti immaginari.»
30 «Tanto per passare il tempo» egli rispose.

«E Livia?»

«Non mi parli di quella sciocca.» Torrisi trasse di

dissi < dire □ **nella stessa casa**: nella casa stessa □ **in cui**: dove
☑ **Lei ha**: forma di cortesia □ **nemico** ≠ amico
motteggiò: ribatté scherzando, ridendo
accanito: ostinato □ **risposi** < rispondere □ **poche parole** □ **gli
raccontai**: gli parlai □ **ultima** ≠ prima

giunti: arrivati □ **in piazza** ☑ mi sembrò **di** intravedere
proprio: precisamente
piovose: di pioggia □ **ferma**: immobile

mi meravigliai: fui molto sorpreso □ **tanto ... quanto**:
cf. 138-1,3 □ **prima** ≠ poi ☑ **sebbene mi sfuggisse**: benché
ignorassi; congiuntivo □ **condotta**: modo di comportarsi □
tanto: cosí
alzò: sollevò □ **spalla**: parte del corpo, va dall'attaccatura del
braccio al collo □ **uscí** ≠ entrò □ **a fari spenti**: con i fanali non
accesi; spenti < spegnere □ **accanto**: vicino □ **fece** < fare
scacciare: far andar via □ **mosca**: è un insetto comune
diniego ≠ affermazione
☑ **vede**: forma di cortesia □ **ci annoiamo** ≠ ci divertiamo
ora: adesso □ **piano**: lentamente
lustro: brillante □ **tra**: fra, in mezzo a □ **palazzi**: case ☑ **mi
sembrò che ... gettasse**: congiuntivo dopo un verbo di opinione
□ **sguardo**: colpo d'occhio, occhiata
neppure per sogno: non è affatto vero
so < sapere ☑ **chi fosse**: cong. nell'interrogativa indiretta □
qualsiasi: qualunque ☑ **che cosa ci sia**: cf.: 141-26
nell'accusarsi: infinito sostantivato □ **difetti** ≠ perfezioni □
delitti: crimini
tanto: soltanto, unicamente

☑ **non mi parli**: forma Lei □ **sciocca**: stupida □ **trasse**: tirò

tasca una lettera simile a quelle che avevo sinora ricevuto e me la porse:

« Questa è l'ultima... andavo appunto ad impostarla... tanto vale che risparmi il francobollo e gliela dia... in questa lettera l'avverto che Livia non ha voluto scappare con me perché in realtà è innamorata di lei.

« Di me? »

« Sí di lei... s'intende che non è ero... è soltanto per dare una ragione. »

10 « E combinare un pasticcio... ma insomma si può sapere di chi è innamorata? »

« Di nessuno — egli disse sbadatamente — certo non di noi due... forse di un suo cugino studente... o di un altro... non importa. »

Eravamo giunti sotto la casa della vedova. « E gli errori di ortografia? » domandai.

Egli si stupí davvero, questa volta, e ribatté: « Ma quali errori? »

« Ma — dissi — scroccone con una *c* sola... « un 20 avvenimento » scritto con l'apostrofo e poi ragazza con due *s* invece di due *z*... pensai un momento che la cameriera scrivesse lei le lettere... li ha fatti apposta? »

Lo vidi oscurarsi in volto, offeso. « Non ho fatto apposta nulla — disse con voce risentita — quando scrivo non faccio errori... Buona notte. »

Qualche giorno dopo lasciai B. Mi sono spesso domandato perché Torrisi scrivesse quelle lettere anonime e ho concluso che era un velleitario e scriveva perché non aveva il coraggio di agire o per incitarsi ad 30 agire. Per una coincidenza singolare, di lí ad un anno, appresi che Livia era davvero scappata di casa. Ma non con Torrisi.

tasca: *poche* □ **simile**: uguale □ **sinora**: fino ad ora

me la: mi + la □ **porse**: tese, < porgere: tendere

appunto: precisamente □ **andavo ad impostarla**: andavo a spedirla □ **tanto ... dia**: è meglio che io non spenda il prezzo della posta e che gliela (gli + la) consegni; dia < dare □ **scappare**: fuggire □ **è innamorata di lei**: ama lei; forma di cortesia

s'intende che non è vero: si capisce che non è la verità

ragione: motivo

può < potere

nessuno ≠ qualcuno □ **sbadatamente**: senza farci attenzione

cugino: figlio di una zia o di uno zio □ **studente**: che studia all'università

si stupí davvero: fu veramente sorpreso □ **ribatté**: replicò

invece: al posto di ☑ **pensai che la cameriera scrivesse**: concordanza temporale □ **lei**: la cameriera; insiste □ **apposta**: volontariamente □ **lo vidi** (< vedere) **oscurarsi in volto**: notai la contrarietà sul suo viso □ **offeso** < offendere □ **nulla**: niente □ **risentita**: piena di risentimento; si fa passare per un brutto soggetto senza vergognarsi ma si offende della propria ignoranza □ **qualche giorno**: alcuni giorni □ **spesso**: frequentemente □ **perché scrivesse**: interrogativa indiretta □ **concluso** < concludere

di lí ad un anno: un anno dopo

appresi: imparai, < apprendere □ **davvero**: veramente

Grammaire au fil des nouvelles

Voici, dans l'ordre de leur apparition dans le texte, quelques phrases à compléter et à adapter (ou non) selon les indications données (le premier chiffre renvoie aux pages, les suivants aux lignes de la nouvelle).

Era un giovane ...... il viso bianco. (préposition, 134 - 7)

Si proclamava uomo ad ogni ...... *(momento)*. (134 - 15)

Non si rendeva conto di quanto egli ...... *(essere)* **incolto.** (comparative, 134 - 17)

...... (traduction de « on me ») **avvertiva che ben presto io ne ......** *(fare,* futur dans le passé) **l'esperienza.** (136 - 5, 6)

Pensai che Torrisi ...... *(avere)* **rinfoderato la stoccata.** (concordance des temps, 136 - 19).

Decisi di aprire gli occhi non tanto per impedire il rapimento ...... per chiarire tutto. (comparaison, 138 - 3)

Mi domandavo che cosa ...... *(potere)* **esserci di vero nella storia.** (interrogative indirecte, 138 - 12)

...... *(finire)* **la partita, le donne ci salutarono.** (participe passé absolu, 138 - 17)

Passarono due ore senza che ...... *(giungere)* **altro rumore.** (exclusion, 138 - 21, 22)

Io ...... addormentarmi quando un rumore mi fece trasalire. (futur proche, 138 - 24)

Mi sembrò ...... intravedere un'automobile. (140 - 7)

Sebbene mi ...... *(sfuggire)* **il motivo, lo interrogai.** (concession, 140 - 12)

Mi sembrò che Torrisi le ...... *(gettare)* **uno sguardo.** (concordance des temps, 140 - 23)

Non vedo cosa ci ...... *(essere)* **di divertente.** (interrogative indirecte, 140 - 27)

Tanto vale che io ...... *(risparmiare)* **il francobollo e che gliela ......** *(dare)*. (complétive sujet, 142 - 4)

Vocabolario

Voici 1 500 mots rencontrés dans les nouvelles, suivis du sens qu'ils ont dans celles-ci.

Le genre des noms (m.) ou (f.) est indiqué lorsqu'il est différent du français et que la terminaison ne permet pas de l'identifier.

Les noms qui ne sont utilisés qu'au pluriel sont suivis de l'article qui en indique donc le genre et le nombre.

Les verbes irréguliers sont suivis de la 1re personne du passé simple et du participe passé, lorsqu'on les rencontre à ces temps.

L'accent tonique des mots est indiqué lorsqu'ils sont accentués sur l'antépénultième *(parole sdrucciole)*.

— A —

abbacinato ébloui
abbaiare aboyer
abbastanza assez
abbracciare embrasser, prendre dans ses bras
abbràccio accolade
accadere arriver
accaduto incident, ce qui est arrivé
accalappiacane employé de la fourrière
accanto a à côté de
accattivare conquérir
accattone mendiant
accecare aveugler
accèndere (accesi, acceso) allumer
accennare faire allusion
accògliere (accolsi, accolto) accueillir
accòrgersi (accorsi, accorto) s'apercevoir
accostarsi a venir à côté de
accovacciarsi se blottir
acqua eau
acuto aigu
addormentarsi s'endormir
addosso dessus, par-dessus, sur
adesso maintenant
adocchiare remarquer
affacciarsi se mettre
affamato affamé
affannosamente fébrilement
afferrare saisir
affetto affection
affinché afin que

affondare s'enfoncer
affrettarsi se dépêcher
agghiacciare glacer
aggrovigliarsi s'empêtrer
agrifòglio houx
aguzzo pointu
aiuola plate-bande
aiutare aider
ala (le ali) aile
alba aube
àlbero arbre
àlbero mât
alcuni quelques-uns
alcuno quelque
allegro joyeux
allevare élever
allontanarsi s'éloigner
almeno au moins
alquanto assez
alto grand, haut
altrettanto tout aútant
alzarsi se lever
alzato levé, en l'air
ammaccatura contusion,
   bosse
ammalato malade
anche aussi
andare aller
andar sulle furie se fâcher
   tout rouge
anelante haletant
àngolo angle
angòscia angoisse
annegarsi se noyer
annodare nouer
annusare renifler
ànsia anxiété
antipasto hors-d'œuvre
antivigília avant-veille
anzi au contraire
apparire (apparvi, apparso)
   apparaître
appena à peine, tout juste
appena dès que
appeso pendu
appoggiare appuyer

apposta exprès
apprezzare apprécier
appuntito pointu
appunto précisément
aprire (apersi, aperto)
   ouvrir
arància orange
ardimentoso hardi
ardire hardiesse
argomento sujet
ària aperta grand air
arrabbiarsi se mettre en
   colère
arréndersi (arresi, arreso)
   se rendre, s'avouer
   vaincu, se tenir pour
   battu
arrosto rôti
ascoltare écouter
aspettare attendre
assai beaucoup, très
assalto assaut
assaporare savourer
assicurare assurer
assieme ensemble
attento attentif
attesa attente
attorno autour
austríaco autrichien
automezzo véhicule auto-
   mobile
avanti en avant
avanzo reste
avaro petit
avvalorare valoriser
avviarsi se diriger
avvicinarsi a s'approcher
   de
avvinghiare enlacer
avviticchiato enroulé
azzoppare rendre boiteux

— B —

badare faire attention, prendre garde
bagliore (m.) lueur
balbettare balbutier
balenare traverser l'esprit
balestra suspension
balletto ballet
ballo danse
bambàgia coton
bambino enfant
barattare échanger
bastare suffire
bàttere taper, battre
bavarese bavarois
belva bête féroce
benefattore bienfaiteur
berretto bonnet
biancheria linge
bicchiere verre
bimba petite fille
bimbo enfant
biscotto biscuit
bisognare falloir
bisogno besoin
blandire caresser
bocca bouche
boccone (m) bouchée
bocconi à plat ventre
borghese bourgeois
borsa sac
bosco bois
bottega magasin
braccio (m.), (le braccia) bras
bravura habileté
brividire frissonnement
bruciare brûler
brulicare fourmiller
bruttezza laideur
brutto vilain
búio sombre
buongiorno bonjour
burrone ravin
buttare jeter

— C —

càccia chasse
cacciare dentro faire pénétrer
cacciarsi indietro se retirer en arrière
cadere (caddi, caduto) tomber
calabrone bourdon
calare baisser, diminuer
calare descendre
caldo chaleur
caldo chaud
cambiamento changement
cambiare changer
càmera chambre
cameriere garçon de café, de restaurant
camiciola chemisette
camminare marcher
campana cloche
cancelletto porte
cancello grille
cane chien
canestro panier
cantilena rengaine
cantilenare chantonner d'une voix monotone
capello cheveu
capire comprendre
capitare arriver
capo tête
cappello chapeau
cardellino chardonneret
caricare charger
carne viande
caro cher, chéri
carretto chariot
carrettiere charretier
cascare tomber
cassa caisse
càttedra bureau, chaire
cavallo cheval

cavallone (m.) grosse vague

cavar l'ànima fendre le cœur

cercare di chercher à

cérchio cercle

certezza certitude

cespo pied

cespúglio buisson

cesta panier

cestello panier

ché car

chiamare appeler

chièdere (chiesi, chiesto) demander

chiesa église

chinarsi se pencher

chino penché

chiúdere (chiusi, chiuso) fermer

ciascuno chacun

cicòria chicorée

cielo ciel

cinepresa camera

cíngere entourer

cintura ceinture

ciò ceci

circa environ

città ville

cocca extrémité, pointe

coda queue

cògliere cueillir

colazione déjeuner

colle (m) colline

collo cou

collòquio conversation

colmare combler

colpévole coupable

colpo coup

colpo (di) tout à coup

colto pris, cueilli

come se (+ cong. imperfetto) comme si

commuòvere émouvoir

comodino da notte table de nuit

comparire (comparvi, comparso) apparaître

compitamente poliment

concesso confié

conchiúdere mettre fin

conclúdere (conclusi, concluso) conclure

condurre (condussi, condotto) conduire, amener, emmener

confidare confier

conóscere connaître

conquistare conquérir

consegnare remettre, confier

cònsole consul

consono a en accord avec

contadino paysan

contegno contenance

contratto contrat

coperta couverture

coperta pont supérieur

coperto couvert

còppia couple

coprire (copersi, coperto) couvrir

coràggio courage

cornàcchia corneille

coro chœur

corona couronne

córrere (corsi, corso) courir

corridóio couloir

corroso rongé

corsa (di) en courant

cortese poli

cortile (m.) cour

cosí ainsi, si

costoletta côtelette

costríngere contraindre

cràuto (fam.) boche

creatura fils, enfant

créscere (crebbi, cresciuto) croître, grandir

crostino croûton

cucchiàio cuillère

cucina cuisine
cugino cousin
cuòio cuir
cuoco cuisinier
cuore cœur
cura soin
curare soigner
curarsi di s'occuper de

— D —

da chez
da depuis
da par
danno dommage, dégât
dare (diedi, dato) donner
dare del tu tutoyer
dare di cozzo butter, heurter
dare una mano aider, donner un coup de main
davanti a devant
davvero vraiment
delusione désillusion
dentro à l'intérieur
deporre (deposi, deposto) déposer
desiderare désirer
desidèrio désir
destra droite
detto dit
dí jour
dietro derrière
difatti en fait, en effet
difesa défense
difetto défaut
dimenarsi se démener
dimenticare oublier
dirimpetto a en face de
diritto droit
dirupo escarpement
dischiuso entrouvert
disegno dessin
disgràzia malheur
disperato désespéré

dispiacere déplaire
disporre (disposi, disposto) disposer
disteso étendu
distògliere (distolsi, distolto) détourner
distratto distrait
districarsi se libérer
diventare devenir
dolce doux
domani demain
doménica dimanche
donna femme
dopo après
dorato doré
dormitório dortoir
dove où
dozzina douzaine
dúbbio doute
dubitare douter
durata durée

— E —

ebbe' eh bien
ecco voici, voilà
eppoi et puis
eppure et pourtant
eredità (f.) héritage
esterrefatto stupéfié
età (f.) âge
eterno éternel

— F —

facchino porteur
fàccia visage
fagiolino haricot vert
fame faim
fanciulla jeune fille
fanciullo enfant, jeune garçon
fandònia baliverne, histoire

fàrcela (non) ne plus en pouvoir

fare a /in tempo a n'avoir que le temps de

fare il bagno se baigner

fare la calza tricoter

fare prima réussir le premier

far sangue saigner

fare strada faire son chemin

fatica peine

faticare peiner, avoir de la peine

fatti (i) affaires

fatto fait

fazzoletto foulard

fede foi

felice heureux

fémmina de sexe féminin

fermare arrêter

fermezza fermeté

fermo arrêté

ferrovía chemin de fer

festoso joyeux

fetta tranche

fianco côté

fiato souffle

fiato (d'un) d'un coup

fidanzato fiancé

fidare se fier

fidarsi di avoir confiance en

fíglia fille

figlio fils

figliola fille, jeune fille

figliolo fils

figliuolo enfant

figura silhouette

figurarsi se rendre compte

finché jusqu'à ce que, tant que

finestra fenêtre

fino a jusqu'à

fino allora jusqu'à ce moment-là

fioco faible

fiore (m.) fleur

firmare signer

fisso fixe

fitto épais, touffu

fiume (m.) fleuve, rivière

flagellare frapper

flèbile faible

fòglia feuille

folto cœur

forestiero étranger

formàggio fromage

forse peut-être

frana éboulement

frastuono vacarme

fratello frère

freddezza froideur

freddo froid

fresco (di) de fraîche date

fretta hâte

fretta (in) vite

frettolosamente en hâte

frittata omelette

frondeggiare frondaison

fronte a (di) en face de

fronte a (di) en comparaison de

frustata coup de fouet

frutta (f. sg.) fruits (de dessert)

fuggire fuir

fulminato foudroyé

fulmíneo rapide comme l'éclair

fuoco feu

fuori dehors

fuori di hors de

furbería malice

fúria colère

— G —

gamba jambe

garòfano œillet

garzone commis

gatto chat
gelato gelé
gelsomino jasmin
gènere genre
genitore parent
gente (f. sg.) gens
gettare un grido pousser un cri
ghiàia gravier
già déjà
giacere gésir, se trouver étendu
giallo jaune
gingillo joujou
ginòcchio (m.), (le ginòcchia) genou
giocare jouer
gioco jeu
giòia joie
giorno jour
gióvane jeune
giramondo globe-trotter
girare entourer
girare tourner
giú en bas
giudízio opinion
giúngere (giunsi, giunto) arriver
giunto joint
godere profiter, jouir
gola gorge
governare s'occuper de
gràcile grêle
gràzie merci
grembiule tablier
greve lourd
gridare crier
grido (m.) (le grida) cri
groppo nœud
guado gué
guància joue
guardare regarder
guardare per il sottile ne pas être à ça près
guastare gâcher
guinzàglio laisse

— I —

ieri hier
illeso indemne
imbarazzo embarras
imbiancare repeindre
imbizzarrito emballé
immerso plongé
impallidire pâlir
impegnativo important
imposta volet
inaspettato inattendu
incantévole ravissant
incanto enchantement
incidente accident
incontrare rencontrer
incrócio croisement
indietro en arrière
indirizzo adresse
indossare porter
inesauríbile inépuisable
infangato boueux
infatti en effet
influenzare influencer
infuriare gronder, faire rage
ingannare tromper
inganno tromperie
inginocchiarsi s'agenouiller
inglese anglais
ingoiare avaler
ingorgare engorger
ingrossare grossir
innamorato amoureux
insalata salade
inseguire suivre, poursuivre
insieme ensemble
insospettire faire soupçonner
intabarrato emmitouflé
intanto... poi... d'abord... ensuite...
intanto pendant ce temps

intero entier
intorno a autour de
intrattenersi s'entretenir
invece au contraire
investire heurter
irrequieto agité
irriconoscíbile méconnais-
sable
irrídere se moquer de
irrómpere (irruppi, irrotto)
faire irruption
irrómpere déferler
isola île
istupidito hébété

— L —

làccio piège
làcero en lambeau
làcrima larme
laggiú là-bas
lambire lécher
lamento plainte
làmpada lampe
lampo éclair
lasciare laisser
lato rive
latte lait
lavagna tableau noir
lavoro travail
legge loi
lèggere lire
leggiero léger
legno bois
lembo pan
letízia joie
letterato homme de lettres
letto lit
levare ôter, enlever
lí là
lieto joyeux
lí per lí sur le moment
lodare louer
lógoro usé

lontano éloigné, lointain,
loin
luce lumière
lucernàrio lanterneau
lumaca limace
lungo le long de
lungomare bord de mer
luogo lieu
lupo loup

— M —

màcchia tache
màcchina voiture, auto
macerato macéré
madre mère
maestro instituteur
maetà majesté
magari même
magato sorcier
maggiore aîné
mai jamais
malincuore (a) à contre-
cœur
manciata poignée
mandare envoyer, exhaler
mandarino mandarine
màndorla amande
mànico poignée
mano (f.), (le mani) main
mano a mano (a) petit à
petit
marinàio marin
marito mari
marmellata confiture
marzo mars
màschio mâle
materasso matelas
matto fou
meccànico mécanicien
medésimo même
mèdico médecin
mèglio mieux
mela pomme
mente (f.) esprit

mento menton
mercante marchand
mercanzía commerce
mercanzía marchandise
meschinamente pauvrement
mese mois
metà moitié
méttere (misi, messo) mettre
méttere donner
mezzo a (in) au milieu de
mezzo moyen
mínimo minimum
minuto petit
miracoloso miraculeux
modo manière
móglie femme, épouse
molto beaucoup, très
mònaca sœur, religieuse
mòrbido tendre
morire mourir
mormorare murmurer
mosca mouche
mossa mouvement
mozzicone tronçon
múcchio tas
mugolare gémir
muòvere aller
muòvere remuer
muòversi (mossi, mosso) partir
múschio mousse
museruola muselière
muso museau
muto muet

— N —

nàscere (nacqui, nato) naître
nascóndere (nascosi, nascosto) cacher, dissimuler
naso nez

Natale Noël
neanche même pas, pas même
neppure même pas, pas même
nero noir
nessuno aucun, personne
neve neige
né... né ni... ni
niente rien
nitrito hennissement
nocciòla noisette
nonni grands-parents
notte nuit
nulla rien
nuovo fiammante flambant neuf
nuovo neuf, nouveau
núvola nuage

— O —

òcchio œil
occórrere falloir
odiare haïr
oggi aujourd'hui
ogni (+ sg.) chaque
ogni tanto parfois
oltre outre, en plus de
onda vague
operàio ouvrier
ora heure
ora maintenant
oramai désormais
ordinare commander
orécchia / orécchio oreille
òrfano orphelin
orlo bord
ormai désormais
orrendo horrible
orto jardin potager
òspite hôte
ostería auberge
òttimo meilleur

— P —

pacco paquet
pace paix
padre père
padrona patronne
padrone maître
paese village, pays
pàglia paille
paio (m.) (le paia) paire
pàllido pâle
pàlpito battement
panca banc
pància ventre
pane pain
panno drap
panno vêtement
panni di (nei) à la place de
pantano bourbier
parasàrtie (inv.) porte-
hauban
parecchi plusieurs
parte (f.) côté
parte (da) de côté
partenza départ
passeggero passager
passeggiata promenade
passeggiare se promener
pássero moineau
passo passage
pastíccio imbroglio
pastíccio terrine, pâté
pastone pâtée
patire souffrir
patito souffreteux, malin-
gre
paura peur
pauroso peureux
pazzo fou
peccato péché
pedata coup de pied
pelo poil
pendice (f.) flanc
penoso pénible
pensiero souci
pensieroso pensif

perché (+ cong.) pour que
perché pourquoi, parce
que
percuòtere frapper, heurter
perfino même
perícolo danger
pericoloso dangereux
persino même
persuàdere convaincre
pertúgio ouverture
peso poids
petto poitrine
petto (di) de front, sans
hésiter
pezzente miséreux
pezzo morceau
piacere aimer, plaire
piacere plaisir
piangere pleurer
piantarla s'arrêter, en finir
pianto (sg.) pleurs
piatto assiette, plat
piazza place
píccolo petit
piedi (in) debout
piegato penché
pietà pitié
pietra pierre
pietroso de pierre
pigliare prendre
piluccare picoter
pineta pinède
piròscafo navire
pistola pistolet
po' (un) un peu
poco peu
poi puis
pollo poulet
pólvere poussière
pòrgere tendre
portare emmener, apporter
posto endroit, place
potente puissant
potere pouvoir
pòvero pauvre
pranzo repas

pratería prairie
prato pré
precipitare se précipiter
precipitare tomber
precipitosamente avec pré-
  cipitation
predella estrade
prèmere presser, appuyer
presèpio crêche
preso pris
presso a poco à peu près
prete prêtre
prima auparavant, avant,
  plus tôt que
primavera printemps
princípio début
prodotto produit
profumo parfum
pronto prêt
pronto rapide
**proporre (proposi, pro-
  posto)** proposer
pròprio vraiment
proseguire se poursuivre,
  continuer
provare éprouver
provare essayer
provvidenza providence
prua proue
pulire nettoyer
pulito propre
punto instant
pupa enfant, petite fille
pupo enfant, petit garçon
pur (+ gerundio) tout en
pure aussi
pure pourtant

— Q —

qua ici
quadro tableau
quàglia caille
qualche (+ sg.) quelque
qualcosa quelque chose

qualcuno quelqu'un, un
qualsíasi quelconque
qualunque quelconque
quanto autant que
quanto combien
quanto comme
quasi comme si
quasi presque
quattrino sou
quèrcia chêne
quetato calmé
qui ici

— R —

ràbbia rage
rabbioso furieux
rabbuffo réprimande
raccomandare confier
radice racine
rado rare
ragazza jeune fille
ragazzo garçon, fils, jeune
  homme
raggiante rayonnant
**raggiúngere (raggiunsi,
  raggiunto)** rejoindre
ramo branche
randàggio errant
rassegnarsi se résigner
rastrellamento ratissage
rastrellare ratisser
rastrellatore ratisseur
razza race
re (inv.) roi
reale royal
recare porter
reciso tranchant, sec
rèdini (le) rênes
regalare offrir
regalo cadeau
regina reine
restar male en être malade
retrocucina arrière-cuisine
rettilíneo ligne droite

riafferrare saisir
rialzare relever
ricadere (ricaddi, ricaduto) retomber
ricciuto frisé
riconóscere reconnaître
ricordare/ricordarsi se souvenir
ricórrere recourir
rídere rire
rídere sgangheratamente rire à s'en décrocher les mâchoires
ridestato réveillé
riecco revoici, revoilà
riempire remplir
rifiutare refuser
riga raie
rigàgnolo rigole
rimandare renvoyer
rimanere (rimasi, rimasto) rester
rincréscere ennuyer
rincréscere regretter
ringraziare remercier
ripieno farce
risalire remonter
risata éclat de rire
ríschio risque
riscuòtersi (riscossi, riscosso) reprendre ses esprits
rispóndere (risposi, risposto) répondre
risvéglio réveil
ritto droit
riuscire réussir
rivieresco riverain
rivòlgersi s'adresser
rizzare dresser
rizzarsi se redresser
roba (sg) bien, affaires
rómpere (ruppi, rotto) casser, se casser, abîmer
róndine hirondelle
ronzío bourdonnement

rospo crapeau
rosso rouge
rovesciare renverser
roveto ronceraie
rovina ruine
rovinío fracas
rullare rouler, être soumis au roulis
rumore bruit
ruota roue

— S —

salire monter
salita montée
salmone saumon
salpare lever l'ancre
saltare sauter
salto saut
salvamento sauvetage
salvare sauver
salvezza salut
sangue sang
sano sain, en bonne santé
sapere savoir
sasso caillou
sbalordito étourdi
sbàttere flanquer
sbàttere se heurter
sbucare déboucher
sbucciare éplucher
scacciare chasser
scala escalier
scambiare échanger
scappare fuir, s'enfuir
scatenarsi se déchaîner
scégliere choisir
scéndere (scesi, sceso) descendre
scettro sceptre
scherzare plaisanter
scherzo plaisanterie
schiacciare écraser
schiarire faire jour
schietto pur

sciàbola sabre
sciagura malheur
sciaquío clapotis
sciarpa écharpe
sciocco sot
scivolare glisser
scodinzolare remuer
scommessa pari
scomparire (scomparsi, scomparso) disparaître
sconcertare déconcerter
scongiurare conjurer
scopa balai
scoppiare éclater
scoprire découvrir
scòrgere (scorsi, scorto) apercevoir
scrívere (scrissi, scritto) écrire
scròscio di pianto déluge de larmes
scuola école
scuòtere (scossi, scosso) secouer
sdegnare dédaigner
seccatura ennui
sécchio sceau
sècolo siècle
seconda elementare cours élémentaire 1ère année
sedere/sedersi s'asseoir
sèdia chaise
sedile siège
sèggiola chaise
segnare marquer
segno signe
seguire suivre
séguito suite
sempre toujours
seno sein
sentire a écouter
sentire entendre
sentire se rendre compte
sepolto enseveli, caché
sera soir
serata soirée

sfasciare démanteler
sfatto défait, gâté
sfiancato efflanqué
sfinito épuisé
sfondare défoncer
sforzo effort
sfracellare fracasser
sfuggita (alla) à la dérobée
sgomentato effaré, effrayé
sgridare disputer
sguardo regard
sguàttero marmiton
sicurezza sécurité
sicuro sûr, sûrement
siepe haie
signore seigneur, maître
símile semblable, tel
singhiozzo sanglot
sinistra gauche
sinora jusqu'à maintenant
sistemare installer
slanciarsi s'élancer
smarrito perdu
smorto blême
sóffio souffle
soggiúngere ajouter
sòglia seuil
sogno rêve
sole soleil
solenne solennel
sòlito (al/ di/ del) d'habitude
sollevare di peso porter
solo/soltanto seulement
sonno sommeil
sopraccàrico surchargé
soprattutto surtout
sorella sœur
sórgere (sorsi, sorto) surgir
sorpassare dépasser
sorpresa surprise
sorretto soutenu
sorrídere sourire
sorriso sourire
sospeso suspendu
sospettare soupçonner

sospetto soupçon
sottile fin, mince
sotto dessous, sous
spacchiare casser, fendre
spada épée
spalancare ouvrir tout grand
spalla épaule
sparare tirer
sparecchiare débarrasser
spavento épouvante
spaventoso épouvantable
spàzio espace
spazzare balayer
spècie sorte
spégnere (spensi, spento) éteindre
spégnersi s'arrêter
sperare espérer
sperimentare faire l'expérience, expérimenter
spesso épais
spesso souvent
spezzare casser
spiacere déplaire, regretter
spiacévole désagréable
spiare épier
spiazzo emplacement
spiccare un salto faire un saut
spiegare expliquer
spietato impitoyable
spíngere pousser
spirare expirer
spogliarsi se déshabiller
spóglio dépouillé
sposare épouser
sposarsi se marier
sposato marié
spronare éperonner
spruzzatina soupçon
spruzzo jet
spuma écume
spuntare apparaître
spuntar del giorno lever du jour

squisito exquis
sradicare déraciner
staccarsi se détacher
stamattina ce matin
stanco fatigué
stanza pièce
stare aller (santé)
stare habiter
stare rester, se tenir
stare attento faire attention
stecchetto (tenere a) rationner
stèndere (stesi, steso) étendre
stento (a) avec peine
sterminato immense
sterzare tourner, changer de direction
sterzo direction
stesa étendue
stormo bande
strada route, rue
stramazzare tomber de tout son poids
strano étrange
strapazzare maltraiter
strapazzo excès de fatigue
strappare arracher
strappo coup, secousse
stretto étroit, serré
stríngere (strinsi, stretto) serrer
strofinare frotter
sùdicio sale
su e giú en long et en large
su en haut, haut
súbito aussitôt, immédiatement, tout de suite
succèdere arriver
suonare jouer (d'un instrument)
suonarle (fam.) ficher une raclée
suonatore musicien

suono sonnerie
suora sœur, religieuse
superare dépasser
sussurrío murmure, chuchotement
svegliarsi se réveiller
sventura malheur
svenuto évanoui
svolto tournant

— T —

tacere (tacqui, taciuto) se taire
tagliare couper
tagliuzzato tailladé
tanto (ogni) de temps en temps
tanto d'ailleurs
tanto d'autant plus que
tanto tellement
tartaruga tortue
tartufo truffe
tastoni (a) à tâtons
tavola/tavolo table
tazza tasse
tedesco allemand
temere craindre
temperino canif
tendina rideau
tènero tendre
teso tendu
tetro triste
timore (m.) crainte
tirar fuori faire sortir
toccare toucher
tócco (il) une heure
tògliere (tolsi, tolto) ôter
tonfo plouf, bruit d'un plongeon
tordo grive
tornare revenir
torta tarte
tovagliòlo serviette
tozzo quignon

tra dans
tracolla (a) en bandoulière
tramonto coucher de soleil
trapassato transpercé
trarre in inganno tromper
trascinare entraîner
trattarsi s'agir
trattenersi se retenir
tratto bout
tratto (ad un/ a un/ d'un) tout à coup
trattoría restaurant
tratto tratto de temps en temps
traverso à travers
travòlgere (travolsi, travolto) emporter
tremare trembler
tremendo terrible
trinchetto misaine
trinciatore découpeur
trotterellare trottiner
túrbine tourbillon
tutti quanti tous
tutto quanto tout ceci

— U —

udire entendre
ufficiale officiel
uguale semblable
uliva olive
último dernier
uomo (gli uomini) homme
uovo (m.), (le uova) œuf
urlo (m.), (le urla) hurlement
urto heurt, choc
uscire sortir

— V —

valere valoir
valicare passer

valígia valise
valutare donner de la valeur
vano espace vide, cage
vàrio divers
vassóio plateau
vècchio vieux
vedere (vidi, visto/veduto) voir
védova veuve
védovo veuf
velluto velours
veloce rapide
velocità vitesse
ventàglio éventail
ventina vingtaine
verdura légume(s)
vergognarsi avoir honte
vero? n'est-ce pas?
verso cri
vestire habiller
vestito vêtement, robe
vetrata verrière, large vitre
via (m.) départ
via au loin
via chemin, voie, rue, route
viaggiare voyager
viaggiatore voyageur
viàggio voyage
vicenda (a) à tour de rôle, chacun son tour, l'un l'autre

vicino a à côté de
vicino proche, voisin
vincere vaincre, gagner
viòttolo chemin
viso visage
vista vue
vita taille
vita vie
voce voix
vòglia envie
voler bene aimer
volerci falloir
volere vouloir
vòlgere tourner
volta fois
voltare tourner
voltarsi se retourner
volto visage
volùbile versatile
vorticoso tourbillonnant
vuotare vider
vuoto vide

— Z —

zàino sac à dos
zia tante
zimbello risée
zio oncle
zitto silencieux
zòccolo sabot

Achevé d'imprimer en avril 2013, en France sur Presse Offset par
Maury-Imprimeur - 45330 Malesherbes
N° d'imprimeur : 180686
Dépôt légal 1ʳᵉ publication : janvier 1994
Édition 08 - avril 2013
LIBRAIRIE GÉNÉRALE FRANÇAISE - 31, rue de Fleurus - 75278 Paris Cedex 06

30/8682/4

LE LETTERE ANONIME
ED ALTRE STORIE